# 李家幽竹の
# 幸せ風水

2024年版

世界文化社

# PROLOGUE
プロローグ

三碧木星が中宮に位置する2024年は、「木」の年。
今年のキーワードとなるのは「時」です。
時というと、「時間を守る」「スケジュールを立てる」といったことを
思い浮かべるかもしれません。
もちろんそれも大切ですが、今年意識してほしいのは、
「時」という概念をさらに膨らませた「時空」という概念。
私たちは誰もが「時空」の中に生き、存在しています。
過去、現在、未来へと流れる「縦」の時間軸。
そして、ここではないどこかにある「別の宇宙」＝「横」の時間軸。
風水では、運とはその縦と横の時間軸を行き来することで
「取ってくる」ものだと考えられています。
「木」の年は、「時」の運気が強まる年なので、
自分がそれらの時間軸の中で生きていることを意識して過ごしましょう。
その意識が、時空を飛び超えるアクセスチケットになります。

もうひとつ大切なのが、言霊（ことだま）・音霊（おとだま）。
人は、自分で思っている以上に自分の発する言霊や音霊に影響を受けているもの。
ぜひこの機会に、自分の言霊に耳を傾けてみてください。
そして、より美しい音霊、希望に満ちた言霊を体中に響かせていきましょう。

長いコロナ禍で、希望を見失ってしまった人も多いと思います。
そんなときだからこそ、心の中に希望をもつことが大切なのです。
希望は、あなたの人生を照らす光。
希望の言霊を口に出して、あるいは文字にして、未来の自分に届けましょう。
そうすれば、あなたの時間軸は、必ず希望へとつながっていくはずです。
「木」の年は、チャンスの年でもあります。
時の運を味方につけてチャンスをつかみ、
希望の未来へとアクセスできる自分をつくっていきましょう。

李家幽竹

CONTENTS
李家幽竹の幸せ風水



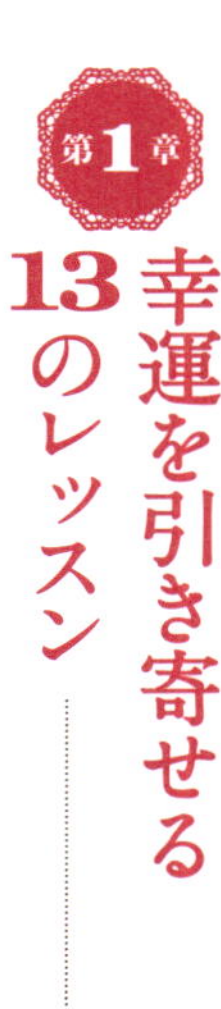

# 開運キーワードは

時空にアクセスする

希望に向かう　言霊（ことだま）・音霊（おとだま）を強める

## 言霊・音霊で運を育て、希望に満ちた未来への道を歩んでいきましょう

2024年は、三碧木星が中宮に位置する「木」の年。
木々が芽吹き、枝を伸ばすように、自らの成長が運の成長につながる年です。
希望に向かう言霊で運を育てながら、未来への道をつくっていきましょう。

全体運

# 異なる「時」の中にいる自分に思いを馳せ、未来への希望を言霊に込めて

2024年は、「成長」や「発展」の運気をもつ「木」の年。昨年のさまざまな出会いを、いかに自分の成長につなげられるかで、運が大きく変わってきます。自分という木の枝葉や根をできるだけ大きく育て、希望に満ちた未来へ向かう道をつくる、そんな年にしていきましょう。

開運のキーワードは「時空」。過去や未来の時間軸である「縦ライン」や、多次元に存在する別の自分がいる世界の「横ライン」をイメージして、「時空」を渡る自分を強く意識することが大切です。例えば、未来の自分を思い描く、時間をさかのぼる気持ちで自分の過去に向き合う、自分が選択しなかった別の次元に存在する自分から運気や能力をもらうイメージをするなど、あらゆる時空から運を引き寄せることで、目指す未来への道がより確かなものになっていきます。

また、「木」の年は、発したりふれたりした言霊や音霊がそのまま運になるので、自分のまわりにある言霊や音霊をいつも以上に意識して。たとえば、「絶対成功する」「こうすればもっと楽しくなるんじゃないかな」などと、ポジティブで未来につながる言霊を発していると、運もその通りに育っていきます。話す言葉だけでなく、文字にも同じ力が宿るので、未来日記やウィッシュリストを書くのも開運行動。逆に「やっても無駄」「できっこない」など否定的な言霊は運の成長を止めてしまうので気をつけましょう。さらに、自分が発する音、耳から入る音にも意識を向けて。不快な音や騒音はなるべくシャットアウトし、心地よい音だけを耳にも体にも響かせましょう。

出会い運

# 「チャンスをつかみに行く」人が運をつかむ。はつらつさ&前向きな言霊で縁を呼び込んで

三碧木星の年は、目の前のチャンスを素早くつかめる人に運がやってきます。そのためにはチャンスを自ら「つかみに行く」くらいの積極性と行動力が必要です。例えばマッチングアプリで出会いを探すなら、登録しただけで満足していてはダメ。よさそうな人を見つけたら、自分からどんどんアプローチしていきましょう。たとえ失敗しても、動くことが次のチャンスにつながっていきます。マッチングアプリが苦手なら、結婚相談所やお見合いを利用してもOK。習い事や同窓会など、出会いがありそうな場にも積極的に足を運びましょう。

また、言霊が運にダイレクトに響く年なので、口に出す言葉はなるべく前向きなものに。「絶対大丈夫」「この縁はすごくいい」など、未来への希望がもてるような言霊を積極的に口に出すと、たとえひとつの縁がうまくいかなくても、また次のいい縁が訪れる……というように、自分にとってよい方向に運が育っていきます。逆に、「絶対無理」「どうせうまくいかない」などと悲観的な内容ばかり口にしていると、縁全般において「うまくいかない」気が育ってしまうので、くれぐれも注意して。

「はつらつとして見える」ことも、出会いをつかむ大事なポイントのひとつです。「老けて見える」のは絶対NGですが、かといって極端な若作りに走るのも考えもの。肌や髪のツヤ、メイクやファッション、トレンドの取り入れ方など、「はつらつとした自分」をつくるためにはどうすればいいか考え、できることから実践していきましょう。

恋愛＆結婚運

## 縁の先行きは言霊次第。相手の「時」を責めないで

二人の間で交わされる言霊によって、縁の方向性や未来が変わっていく年。たとえケンカが多くても、「お互い本音で話して仲良くなれたね」などと話していれば、その言霊が縁をよい方向に育ててくれます。逆に「私たちもうダメかも」のように、縁の先行きを悲観するような言霊は、縁を悪い方向に導いてしまうので気をつけて。婚活中の人も言霊によって運気が大きく左右されるので、ネガティブな発言は避け、「大丈夫」「きっとうまくいく」など、前向きな言霊で運を育てていきましょう。

また、「木」の年は拘束したり押さえつけたりすると成長が止まってしまうので、相手を束縛するのはＮＧ。帰りが遅い、準備に時間がかかるなど、「時」に関わることで責めたり非難したりするのも控えましょう。

家庭＆子ども運

## 誕生日は盛大にお祝いして。子どもへの言葉にも配慮を

三碧木星の年は「生まれる」という象意があり、新しく生み出されたことが全て未来につながる年なので、誕生日や結婚記念日など、「はじまり」の記念日を例年以上に大切にしましょう。とくに誕生日は盛大にお祝いを。「おめでとう」と言われた回数の分、言霊が運気に入り込むので、当日はできるだけ大勢に祝ってもらいましょう。ＳＮＳで誕生日を公開するのも◎。ドレスやコスプレ風の衣装を着て記念写真を撮るのもおすすめです。

子育ては、「言霊で育てる」のが基本。子どもの努力や成長を言葉にしてほめ、逆にルールや規範に反するようなことをしたら、言葉で導きましょう。自分の考えや目標を言葉できちんと言わせることも大切。子どもに物語を考えさせたり書かせたりするのも効果的です。

金運

## お金を数字で把握し、「育てる」つもりで運用を

家計簿やお小遣い帳をつけ、お金の出入りを数字で把握しましょう。給料日など入金があった日に残高を確認し、「増えている」感覚を味わうとより効果的。また、言霊が育ちやすい年なので、「お金がない」「今月は貧乏なの」などとお金に関するマイナスの言霊は禁句です。

お金を増やしたい人は、貯蓄より運用が有効です。何かを育てることで運も育つ年なので、少しずつでも「育てて増やす」つもりで運用を。世界経済の情勢や為替の値動きなどを知っておくことも大切です。

また、財布は自分の行動に即したサイズ、デザインのものを選び、中身も極力軽量化して。ポイントカードはアプリにし、スマホ決済を積極的に利用するなど、デジタル時代に即した金運風水を実践していきましょう。

健康運

## 積極的に体を動かし、心身の活性化に努めて

「動」の気から運が生まれる年。ひとつの動きから運がひとつ生まれると考え、毎日目標の歩数を決めて歩く、すき間時間にストレッチやスクワットをするなど、日々の生活の中でできるだけたくさん体を動かしましょう。スマートウォッチで歩数をカウントするのも◎。

心身ともに生き生きとした、ハリのある状態を保つことも大切です。疲れは極力ためないようにし、細胞の活性化やアンチエイジングに効くサプリを飲むなどして、「生き生きとして見える自分」をつくっていきましょう。

体の器官で重要なのは肝臓。定期的に検診を受け、結果に応じて生活習慣を見直しましょう。また声を発するのども重要な器官。リモート勤務で声を出す機会が少ない人は、意識的に人と話すなどして声帯を鍛えましょう。

仕事運

## 初心に返り、ゼロベースで。数字や評価で成長を実感

「初心に返って取り組む」ことが運気アップのカギ。慣れた仕事であっても、「今初めて取り組むつもり」で向き合い、より効率的でやりやすい方法がないか、模索してみましょう。いつも使っているアプリやソフトの使い方を改めて学び直すのもおすすめです。

また、自分の成長を実感することが運気の成長につながる年なので、他人からの評価や目標の達成度、営業成績など、自分にとって「成長を実感できる指標」を見つけ、その指標を意識しながら仕事に取り組みましょう。

時間の使い方を常に意識することも大切。午前中、午後、夕方というように時間帯ごとにその日の仕事を割り振ると、時間を効率的に使えます。重要な案件や今後大きく発展しそうな案件は、なるべく午前中に着手して。

人間関係運

## 「上向きになれる関係」が◎。足を引っ張る人とは離れて

「この人といるといろいろなことにチャレンジできる」「話していると自然に気分が上向くな」とお互いに感じられるような関係を築くことが大切。今つき合いのある人と、そういう関係になれているかどうか、見直してみましょう。同時に自分の言動も振り返ってみて。同じ愚痴を繰り返すなど、発展性のない話ばかりしていると、同じような人たちとの交わりが増えてくるもの。相手の気持ちを上向きにし、楽しくさせるような言霊を口に出すように心がけていると、自然に「上向きな人」たちとのつながりが増えていきますよ。「気分が上がる人と一緒にいたいな」などと言霊にするのも◎。逆に、足を引っ張ったり、努力を冷笑したりするような人とは今すぐ距離を置くのが正解です。

# 幸せを呼び込む 20か条

2024年に幸運を呼び込む開運行動です。
自分の本命星マークがついているものから始めると効果大。
実践することでどんどん運が育っていきますよ。

## 言霊で運を育てる

「言霊」は2024年のキーワード。「絶対大丈夫」「きっとうまくいく」というように前向きな言霊を口に出したり書いたりすると、運もその通りに育っていきます。未来への希望ややりたいこともどんどん言霊にして。

## 「動」の気を意識する

動くことから成長やチャンスの種が生まれる年なので、何事も積極的に行動を。準備に時間をかけてグズグズするより、見切り発車でもいいので動き出すことが大切です。服装やバッグなども動きやすさ重視で選んで。

## 欲望より希望を

人の願いは希望と欲望の狭間にあるものです。「素敵な人と結婚したい」は希望、「○○さんが彼女と別れて私と結婚しますように」は欲望。欲望の言霊は「呪い」として育ってしまうのでくれぐれも注意して。

## 自分の成長を実感する

やり遂げたことやできるようになったことを日記に書く、筋トレの成果をグラフ化するなど、自分の成長を感じられる機会をたくさんつくりましょう。「成長している」と実感すればするほど、運が伸びていきます。

三碧木星

## 未来日記を書く

未来日記は、書くことで未来の自分から運をもらえる開運行動。かなえたい願いや手に入れたいものなどをどんどん書き込んでいきましょう。書けば書くほど言霊の力が強まるので、かなうまで何度でも書いて。

## 午前中に運を生み出す

2024年のラッキータイムは午前中から昼にかけて。出かける予定があるなら、午前中に出発したほうが、チャンスやラッキーな出来事に出合いやすくなります。大事な予定や約束もなるべく午前中に。

## 気分が上がる「音」にふれる

「音霊」の力が強まる年。気分を盛り上げる曲、ハッピーになれる曲をたくさん聴きましょう。好きな俳優や声優によるオーディオブックを聴いたり、せせらぎや鳥の声など自然の音に耳を傾けたりするのも◎。

五黄土星　八白土星

## 「タイムパフォーマンス」を意識する

常に「タイムパフォーマンス(=タイパ)」を意識し、時間を有効に使いましょう。タイパというと「時短」にばかり目がいきがちですが、旅行時の乗り継ぎで生まれた空き時間に観光を楽しむなど、「豊かに過ごす」工夫も忘れずに。

一白水星

## スマートウォッチをつける

「時」を意識して過ごすと運気が上がる年なので、腕時計はぜひつけて。なかでもおすすめはスマートウォッチ。これひとつで外出できる身軽さに加え、歩数計測機能があるので、つけているだけで「動」の気が高まります。

四緑木星

## 時間割をつくる

一日を始める前に、その日の時間割をつくっておきましょう。午前中、午後、夕方……というようにざっくりとした区切りを設け、やるべきことや予定を割り振ります。あくまでも予定なので、追加や変更は臨機応変に。

## 11 酸味をとる

酸っぱい味覚は気を上昇させる効果があるので、積極的にとって。レモンやライム、グレープフルーツなどの酸っぱい柑橘類のほか、酢を使った料理も◎。とくに「木」の時間帯である朝にとると効果的です。

## 12 家電やデジタルツールを見直す

家電やデジタルアイテムは、新しければ新しいほど、多くの運をもたらしてくれます。長年使って古くなったもの、使わずにしまい込んでいるものは買い替えを。古いスマホもリサイクルや下取りを利用して手放しましょう。

一白
水星

## 13 眉をアップデートする

「木」の気をもつ眉は、行動力をつかさどるパーツ。眉がボサボサだったり、眉のメイクが流行遅れだったりすると、運をつかみづらくなります。日頃からきちんと手入れをし、常に最新のスタイルにアップデートしましょう。

## 14 マルチバースを意識する

マルチバースとは、私たちがいる宇宙以外に、別の宇宙があるという理論。風水における「縦と横の時間軸」イコール「時空」を指します。三碧木星の年は、このマルチバースを常に意識して過ごすと、そこから運をもらいやすくなります。

## デジタルデトックスをする

スマホやパソコンは、便利な半面、悪い言霊にふれやすいという負の側面も。悪い「木」の気をリセットするためにも、定期的にデジタル断ちをしましょう。数時間〜半日程度でいいので意識して「断つ」ことが大切です。

三碧木星

## なりたい自分へのアクセスチケットを手に入れる

自分のなりたい姿や目指す未来をイメージし、そこへの足がかりになるチケットを手に入れましょう。「なりたい自分」に似合うジュエリーやテーマソングなど、あなただけのチケットを見つけて。

四緑木星

## AIを育てる

スマートスピーカーやチャットGPTなど、身近な存在になってきたAI。まだあまりなじみがないという人も、今年はぜひ取り入れてください。子どもや動物と同じように「育てる」つもりで接するのがコツ。

## 写真を撮って飾る

写真を撮るのは、「木」の年のおすすめの開運行動。撮った写真はきちんと整理し、気に入ったものはプリントして飾っておきましょう。誕生日や結婚記念日など、「はじまり」の日に家族写真を撮って飾るのも◎。

## 数霊（かずだま）を活用する

電話番号や家の番地、部屋番号など、身のまわりの数字を見直し、自分に縁のある数を見つけましょう。その数字を意識して使ったりアクセサリーに取り入れたりして活用すると、数霊があなたをやるべきことへと導いてくれます。

## 歌う・話す・声を出す

日常生活の中で積極的に話したり歌ったりして、音霊の力を鍛えましょう。一人暮らしで日常会話が少ない人、リモートワークが多い人は、友人と頻繁に話す、カラオケで歌うなど、声を出す機会をつくって。

# 復習! 李朝風水の基本

風水とは、幸運を呼び込むための「環境マニュアル」のようなもの。
正しく、そして楽しく生活に取り入れるために、まずは基本を知りましょう。

## 環境が変われば運気もぐっとよくなります

「人は環境によって生かされている」というのが、風水の基本の考え方。普段「運がいい」「運が悪い」と感じているものは、全て自分のまわりの環境から生まれたもの、と考えるのです。つまり、いい運も悪い運も自分の行動次第。運のいい人になりたいなら、幸せを呼び込む環境をつくることが不可欠なのです。風水とは、その方法を教えてくれるマニュアルのようなものだと考えてください。

その風水の基本となるのが、「陰陽五行説」。自然界の全てのものは、「木・火・土・金・水」の5つの気である「五行」に分類され、「陰」「陽」いずれかの性質をもつという考え方です。インテリアやファッションから行動、考え方など全てに「五行」や「陰陽」の関係性があるのです。

### 陰陽例

明 ⟷ 暗
温 ⟷ 寒
天 ⟷ 地
生 ⟷ 死
昼 ⟷ 夜
男 ⟷ 女
陽 ⟷ 陰

### 五行相関図

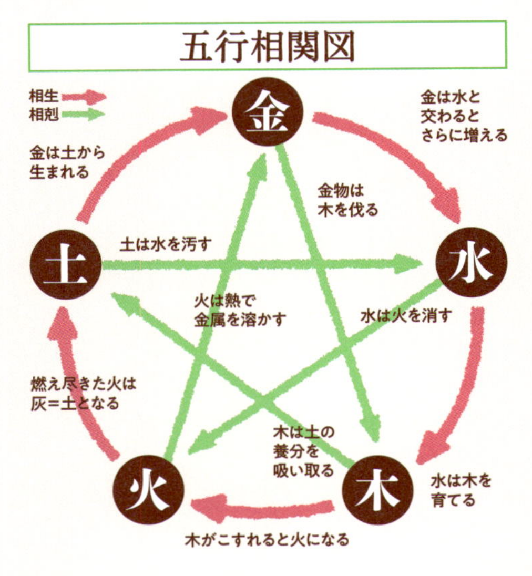

## 五行別・運気と象意

| 五行 | 主な運気 | 象意 |
|---|---|---|
| 木 | 仕事運<br>発展運<br>出会い運 | 情報、言語、音、AV機器、携帯電話など情報機器、向上心、木製のもの、コットン、酸味のある食べ物、柑橘系の果実、スポーツ、トレンドのもの |
| 火 | ビューティー運<br>ステータス運<br>人気運 | 地位、ステータス、直感、アート、ビューティー、別離、プラスチック、ガラス製品、光るもの、感性を生かした仕事、ファッション、美容、投資、ギャンブル |
| 土 | 家族運<br>健康運<br>不動産運 | 努力、安定、継続、伝統、貯蓄、転職、和テイストのインテリアや雑貨、陶器、ローヒールの靴、ストレッチ素材、ガーデニング |
| 金 | 金運<br>事業運<br>玉の輿運 | 楽しいこと全般、人からの援助、豊かな生活、飲食、楽しみごと、貴金属、宝石、刃物、丸い形状のもの、甘いデザート、老舗ブランドのアイテム |
| 水 | 愛情運<br>フェロモン運 | 信頼、交際、交流、秘密、男女の情、女性らしい振る舞い、フェミニンなファッション、レース素材、シフォン素材、日本酒、リップグロス、透け感のある素材 |

### 五行と陰陽のバランスをとる

「五行」は上の表のように、それぞれ異なる運気と象意をもっています。そして、それぞれの間にはお互いを生かし合って運気を上げる「相生（そうじょう）」と、対立してお互いを相殺し合って運気を落とす「相剋（そうこく）」という関係があります。「陰陽」は、「明・暗」「男・女」のように相反する性質ながら、お互いに支え合って成り立っています。風水とは、この五行と陰陽のバランスを保って、運をいい方向に導くものです。

### 心地よい生活で幸せを手に入れる

もし、「自分は運が悪いかも……」と感じているなら、ライフスタイルのどこかで「陰陽五行」のバランスが崩れているのかもしれません。まずは本書の中から、できそうなことをひとつやってみましょう。もちろん、無理をする必要はありません。自分が楽しめる範囲で、風水を取り入れながら、心地よい生活を送ること。そして自分のまわりの環境を整えていくこと。これが幸せへの近道です。

「木」の年に運気を上げるための基礎知識

# 「運」はどうやって手に入れる？

「木」の年の重要なキーワードとなる「時空」。
実は、「運」の概念そのものと深く関わっているのです。
「運」とは何か、ここで改めてお話ししておきましょう。

## 運とは自ら時空を移動して「取ってくる」もの

風水では、運は自分から行動して「取ってくる」ものと考えます。どこから取ってくるのかというと、「別の時空の自分から取ってくる」のです。

例えば、「もっと素敵な自分になりたい」と願うなら、未来に存在する「素敵になった自分」にアクセスして、「すでにもっている運」をもらってくればいい、と考えるのです。これが風水における「運」の概念です。

## 縦だけではなく、「横の時間軸」も意識して

なお、「別の時空」は、過去から未来へ続く「縦の時間軸」だけではありません。過去の分岐点で、もし自分が別の道を選んでいたら……と考えてみてください。その自分が生きている「時」、それもまた、あなたとつながっている「時」なのです。

2024年は、時空間の移動がしやすい年なので、いつも以上にこの「縦」と「横」の時を意識して過ごしていきましょう。

## 運を取るためには言霊の力も大切。運に希望の言霊を

運を取ってくるためにもうひとつ必要なもの、それは言霊です。「なりたい姿」や「望む運」を言霊にして未来の自分に託す、過去の自分に選ぶべき道を示す……あなたの時の流れの行く先を決めるのは、言霊なのです。

三碧木星の年は、「時」の年であると同時に「言霊」の年。未来への希望を言霊にして運に変え、「なりたい自分」への道をつくっていきましょう。

開運のポイントをレクチャー！

# 幸運を引き寄せる 13のレッスン

2024年は、
自らの成長が運の成長につながる年。
レッスン1～13を実践して
未来への道をつくっていきましょう。

# 「動」の気を強化しよう

## 動くことから運が生じ、育っていきます。身軽な装いで積極的に行動を

2024年は、「動く」ことから運が生まれる年。気になっていること、やってみたいことはどんどん行動に移しましょう。「失敗するかもしれない」「ちゃんと準備してから行動しないと」などと考えてしまうかもしれませんが、プランニングに時間をかけすぎて動けなくなるくらいなら、見切り発車でもいいのでとにかく動き始めて。行動を起こすことで得られる新たな発見や気づき……それが運の成長につながります。もし失敗したとしても、後悔は無用。失敗こそ学びの種ととらえ、「今度はこうしよう」と、次の行動に向けて気持ちを切り替えましょう。

また、身につけるものも「動」の気に大いに影響を与えます。例えば、ぴったりしたタイトスカートやハイヒールのパンプスなどは体の動きを妨げ、行動力をダウンさせてしまいます。ボトムスは、スカート派ならスカート見えするワイドパンツやキュロットパンツに、靴はフラットシューズやスニーカーというように、「動」の気を妨げない服装を心がけましょう。荷物で手がふさがるのも行動の妨げになるので、バッグは斜めがけタイプなど、手が自由になるものがおすすめです。

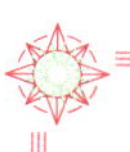

## 「動」の気を強める4つのポイント

「動」の気を強めるには、まず環境づくりから。
身につけるものも持ち物も、身軽&コンパクトに。
動くことをルーティン化するのも効果的ですよ。

### 考えてから動くより、動きながら考えて

「考えてから動こう」「まず計画を立ててから」などと思っていると、いつまでも動けないもの。考えるのはあとでもOK。まずは「動く」ことから始めましょう。実際にやってみたらうまくいかなかったり、思っていたのと違ってがっかりしたりするかもしれませんが、それも大切な学び。「やっておけばよかった」という後悔は、運の成長を妨げる要因になるので、ぜひ勇気をもって一歩踏み出して。

### 持ち物は軽くコンパクトに。スマホショルダーも◎

例えばショッピングに出かけたとき、荷物が重たいと、それだけで行動力が鈍りがち。「あと一軒寄ろうかな」が「早く帰りたいな」になり、知らないうちにチャンスを逃してしまうことにもなりかねません。日頃から、持ち歩く荷物はできるだけ少なく、軽くするように心がけましょう。近所への外出であれば、財布を持たずにスマホショルダーだけで出かけ、買い物はキャッシュレス決済で済ませるのも◎。

### 日常生活の中に運動を。アプリも上手に活用して

日常生活の中で、できるだけたくさん体を動かしましょう。フィットネスゲームで楽しみながら運動するのもいいですし、買い物に車ではなく徒歩で行く、お湯を沸かしている間にストレッチをするなど、毎日の生活の中に「動く」ことを組み込むのも◎。スマートウォッチで運動量や歩いた歩数を計測したり、歩数をポイント化できるアプリを使ったりするのもおすすめです。

### スカートよりパンツ。冬は厚着を避けて身軽に

「動」の気を高めるためには、服装にも気を配って。パンツは苦手という人はスカート見えするキュロットやワイドパンツで、行動力を高めましょう。細身のパンツならストレッチ素材のものを選んで。また、軽さも重要なポイントです。とくに重いアウターは行動力が下がるので、寒い季節は高機能インナーやダウンジャケットなど、軽くて暖かいアイテムを活用してのりきって。

# マルチバースにアクセスしよう

## 運気は「時空」を超えて取ってくるもの。マルチバースに思いを馳せ、運を引き寄せて

三碧中宮の年は「時空」を意識することが運気を得るために大切なこと。

未来や過去という「縦の時間軸」以外にも、今私たちが生きている宇宙とは異なる「別の宇宙」が存在するというのがマルチバースという理論。マルチバースは「横の時間軸」を表します。これをテーマにした映画や小説も数多く作られているため、ご存じの方も多いと思います。未来や過去という縦の時間軸と、マルチバースという横の時間軸にアクセスするというのは、実は風水の運の概念と同じ考えに基づいているのです。

欲しい運があるなら、その運をすでに持っている未来の自分や、別の時空の自分にアクセスしてもらってくる……風水でいう「運を手に入れる」とは、この考え方がベースとなっているのです。

2024年は「時」の運が強まり、別の時空の自分から運をもらいやすい年なので、折りにふれて「別の時間軸にいる自分」に思いを馳せ、アクセスを試みましょう。アクセス方法は人によってさまざま。過去の自分の写真に語りかける、未来日記を書く（P.26参照）など、いろいろなやり方を試してみて。

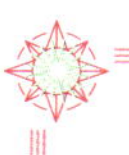

# 異なる時空の自分と つながるための4つの方法

人によってさまざまなアクセス方法があり、音楽や言葉でつながる人も。ぜひ自分だけのアクセスチケットを見つけてください。

## 未来日記を書いて 言霊で運を引き寄せる

運というものは、ここと違う時間や空間から「取ってくる」ことができるもの。そのための有効な手段のひとつが未来日記です。例えば、今の自分には出会いがなくても、別の時空には「素敵な人と出会って幸せにしている自分」がいるかもしれない、と考えてみて。そして、そうなったつもりで日記を書きましょう。その言霊が、別の時空からあなたの元に運を引き寄せてくれます。

## 瞑想で願いや希望を 明らかにして

マルチバースへのアクセスは、アクセスする対象がはっきりしていないとうまくいきません。自分が望む未来がイメージできない、欲しい運がはっきりわからないという人は、まず瞑想で自分と向き合って。瞑想のやり方は【①目をつぶり、感謝したい「ヒト、モノ、コト」を思い浮かべる　②自分の望みを思い浮かべる】。自分の望むものを導き出せたら、それを起点にアクセスを。

## 昔の写真を見ながら 過去の自分に話しかけて

今のあなたの運は、過去のあなたによって形づくられたもの。ですから、今、自分が望む運が得られていないと感じる人は、過去の自分にアクセスして、「知っておいたほうがいいこと」「選ぶべき道」を教えてあげてください。おすすめのアクセス法は、当時の自分の写真を見ながら話しかけること。もちろん過去は変えられませんが、その先につながる「今」の運が大きく変わってきます。

## ターニングポイントの 自分に道を示して

「あのとき、〇〇しておくべきだった」「違う選択肢を選べばよかった」……そう感じる出来事があるなら、その時点の自分にアクセスし、「〇〇が正解だよ」「〇〇はやめておいて」と教えてあげましょう。いわば、自分の運の根っこに正しい道を植えつけるのです。それによって、その先の自分が見ようとするもの、手に入れようとするものが変わり、望む運が手に入りやすくなります。

# 言霊の力を鍛えよう

## 2024年は誰もが「言霊遣い」になれる年。自分の声や音を知り、知識とスキルを身につけて

三碧木星の年は、言霊の力が強まるため、言霊の力をうまく使える人が運に恵まれやすくなります。2023年が「風遣い」の年なら、今年は「言霊遣い」の年と言えるでしょう。

言霊遣いとは、文字通り、言霊を自在に操れる人のこと。優れた言霊遣いは、言霊で人の心を操り、自分の意図した通りに相手を動かすことができます。もちろん、そのためには言葉や音に関する知識やテクニックを身につけるだけでなく、その能力を目的に応じて使えるように訓練を積まなくてはなりません。しかし、三碧木星の年だけは特別。どんな人も、基本的な知識とテクニックをもち、意識して言霊を発すれば、訓練を積んだ言霊遣いと同じような力を発揮できるのです。

言霊遣いになるためには、まず自分が普段どんな言霊、音霊を発しているかを知ることが大切です。そのうえで、その場に合わせた適切な話し方、声の出し方を学び、その通りに実践できるように訓練していかなくてはなりません。ここでは、基本である「木火土金水」の話し方、そして言葉に魂を込める方法をご紹介します。まずはここから実践してみてください。

# 木火土金水の話し方をマスターしよう

流れる水のような話し方。優しい印象を与えるのでデートのときに◎。文章の最後の一音を少し伸ばして余韻を残すのがコツ。語尾はやや上げ気味に。

江戸っ子のように、歯切れよく、上に向かっていく話し方。「発展していく人」という印象を与えます。語尾を上げ気味にし、テンポよく話すのがコツ。

「～ですよね。でもそれは～だと思うんです。だから…」というように、くるくると円を描き続けるような話し方。目上の人に愛されたいときに。

大きめに抑揚をつける、ドラマチックな話し方。注目を集めたいときに使うと効果的です。炎が燃え上がるように、やや大げさに強弱をつけると◎。

話し始めの語句を力強く発音する話し方。ドイツ語の響きがイメージに近いです。自分の主張を通したいとき、人に従ってほしいときに最適です。

## 色やフォントをイメージして

魂のこもっていない言葉は人の心に響かないもの。では、魂をこめるにはどうすればいいのでしょう。

おすすめの方法は、自分が話す言葉を「色つきフォント」でイメージすること。淡いピンクの優しげなフォント？　それとも濃い青のゴシック系フォント？　そのイメージを思い浮かべながら言葉を発すると、それだけでぐんと相手に響くようになります。

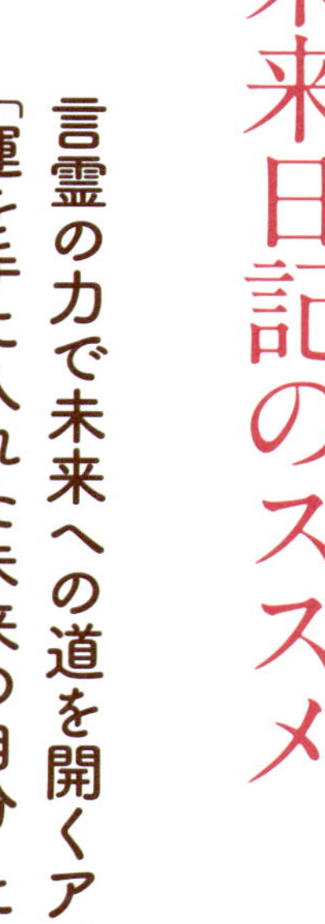

# 未来日記のススメ

## 言霊の力で未来への道を開くアイテム。「運を手に入れた未来の自分」になりきって書いて

未来日記は、今の自分はまだ手に入れていない運を、言霊の力を使って別の時空から引き寄せるためのアイテムです。２０２４年は書いたことがそのまま育って運になる年なので、ぜひ未来日記を活用してください。

未来日記を書くときのコツは、「未来の自分になったつもりで書く」こと。例えば、今より３キロやせたいと思っているなら、「３キロやせる！」ではなく、「筋トレを頑張ってマイナス３キロ達成！　憧れのスカートが似合うようになって幸せ」などと書くのが正解。それによって、書いたことが決定事項になり、今のあなたから「マイナス３キロを達成して幸せな自分」に向かう「道」ができます。

もちろん、運を手に入れるまでに時間がかかる場合もありますが、その場合は願いがかなうまで何度でも書きましょう。書けば書くほど、運に通じる道が広くなり、なだらかになって到達しやすくなります。

ただし、今の自分とあまりにかけ離れた願いは、どんなに願っても通じません。何度書いてもかなわないなら、一度見直しを。また、人の不幸を願うような内容は、時空を歪ませる原因になるので、決して書かないこと。

# 未来日記を書くときのポイント

未来日記は「目標リスト」ではなく、運を手に入れた
未来の自分からのメッセージ。
無謀すぎる願いや人の不幸は書かないのがルールです。

## かなうまで何度も書いて。息を止めて書くのがコツ

未来日記は、書けば書くほど、その未来に通じる道が広くなって到達しやすくなるので、かなうまで何度でも繰り返し書きましょう。思い出したときに書いてもいいですし、どうしてもかなえたいなら毎日書いてもいいのです。なお、書いている途中で息を吐くと言霊が抜けてしまいます。書くときは息を止め、苦しくなったらいったん手を止めて息継ぎをしてから書きましょう。

## 無謀な願い&人の不幸は絶対NG!

どんなに遠くてもいつか手が届く可能性のある願いを書くのが、未来日記の基本。ですから「絶世の美女になる」「アラブの富豪と結婚する」というような無謀な願いは実現しにくいと考えてください。また、「○○さんが彼女と別れて私と結婚する」というように、人の不幸を願うような内容は絶対NG。時空が歪んで、その願いだけでなく、ほかの願いもかなわなくなってしまいます。

## 未来の自分になったつもりで書きましょう

未来日記というと、「あと3キロやせたい」「○○が欲しい」というような書き方をする人が多いのですが、それではただの「目標リスト」。未来日記は、「未来の自分から運をもらう」ために書くものなので、書いているのは「すでに運を手に入れて幸せになっている自分」でなくてはなりません。ですから、書くときは「3キロやせた」「○○をもらった」などと書くようにしましょう。

## 「幸せ」「ラッキー」などハッピーな言霊をプラス

「〜できた」「〜がかなった」などと書くだけだと、「自分ごと」として感情移入しづらいかもしれません。その場合は、「○○になってとても幸せ」「○○できてうれしい」というように、「願いがかなったときの自分の気持ち」も書き込んでおくと、より時空を超えやすくなります。嫌なことをリセットしたいときは、「悪い思い出を忘れられて今は幸せ」などと書けばOK。

# タイムパフォーマンスを意識しよう

## 計画を立て、効率的に行動を。目指すのは時短ではなく、時間を「生かす」こと

　最近、よく聞くようになった「タイムパフォーマンス（タイパ）」。かけた時間に対して、どれくらい効果やメリットがあるかを表す言葉です。「木」の年は、「時」の運気が強まるので、常にこの「タイパ」を意識し、できるだけ時間を有益に使うようにしましょう。

　タイパのいい過ごし方をするためには、計画性が大切。仕事や家事など、やらなければならないことがあるなら、その日にやるべきこととそれにかかる時間を割り出し、ざっくりと計画を立ててから行動しましょう。

　また、旅行に行くなら、往復の飛行機は直行便に、電車なら特急電車にする、人気の店に行くならあらかじめ予約しておくなど、移動時間や待ち時間を短縮するのもタイパをよくすることにつながります。

　とはいえ、どんなに頑張っても詰めきれない「すき間」が生まれてしまうことも。そんなときは、そのすき間時間を「生かす」工夫を。特急電車の予約がとれないなら、あえて観光列車でのんびりと旅を楽しむ、それもまた、「タイパのいい過ごし方」です。タイパをよくするのは時間を「節約する」ためではなく、「生かす」ためだと覚えておきましょう。

# 「タイパのいい過ごし方」4つのポイント

風水的な「タイパのいい過ごし方」ってどんなもの？
時間を生かし、有意義なものにするためのポイントをご紹介します。

## 移動は最速で。空いた時間も有効に

旅行や外出のときは、移動時間はできるだけ短くして、その分目的地でゆったり過ごしたいもの。そのためにも、事前にしっかりリサーチして、飛行機なら直行便やトランジットの時間が短い乗り継ぎ便、電車なら特急や新幹線というように、最速で現地に着ける交通手段を選びましょう。どうしても乗り継ぎで時間が空いてしまうなら、その時間を利用して観光を楽しむなど、時間の使い方を工夫して。

## 時間割をつくり、計画的に行動を

タイパをよくするためには、自分で時間を整えることが大切。そのために一番おすすめなのは、時間割をつくることです。イメージは、学校の時間割。ただし、時間の区切り方は「午前中」「午後」「夕方」など、ざっくりでかまいません。一日の始めや、仕事や家事に取りかかる前にこれをつくっておくと、物事を効率よく進めることができます。旅行のときも、同じように前もってスケジュールを作成しておきましょう。

## 時間がかかっても有意義に過ごせればOK

「時短」だけがタイパをよくする方法とは限りません。大切なのは、その時間を無駄にせず、有意義に使うこと。例えば旅行の移動手段も、それ自体を楽しめるなら、鈍行の観光列車や遊覧船など、あえて「時間がかかる」ものを選んでもいいのです。車で半日かかるような場所に行くのも、それしか手段がないならOK。ただし、その場合は道中で音楽を聴く、映画を見るなどして、移動時間も活用する工夫を。

## 予定に縛られないで。変更は臨機応変に

時間割やスケジュールは、あくまでも計画なので、その通りに物事が進まないこともありますし、突発的に別の用事が入ることもあるでしょう。そのときは、午後にやるはずだった作業を翌日に回すなど、予定のほうを変更すればOK。また、乗るはずだった電車に乗り遅れてしまった、というようなときは、乗り継ぎを調べて、できるだけ早く目的地に着ける方法に切り替えるなど、臨機応変に対応しましょう。

# トレンドを意識した装いでアクティブに

## カジュアルをベースに女性らしさを。体の動きを妨げないデザイン、素材が◎

２０２４年は、トレンドを意識したカジュアルなファッションが運気を呼びます。おすすめの素材はコットンやリネン。吸湿速乾などの機能素材もぜひ取り入れて。ジーンズやジャケットなどは、腕や足を自在に動かせるよう、ストレッチ素材のものを選びましょう。靴は歩きやすく、おしゃれなもの、バッグは斜めがけなど両手が空くものがベストです。

なお、カジュアルとはいえ、メンズライクになりすぎるのはＮＧ。ジーンズをはくときはシアー素材のトップスを合わせるなど、どこかで女性らしさを出すようにしましょう。

### 少し短めのスカートで「動」の気アップ

「木」の年は、脚を見せると「動」の気が高まるので、スカート丈は短めがラッキー。普段はマキシ丈をはいているなら、今年はミモレ丈、というように少しだけ短い丈にトライしてみましょう。また、アシンメトリーなデザインで一部だけ丈が短くなっているものやスリット入りのものを選び、少しだけ脚見せしても◎。

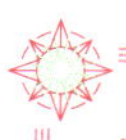

# 運を動かすおすすめファッションアイテム

「動」の気を妨げないことが絶対条件！
バッグ、靴、ベーシックアイテムこそ「今」を取り入れて

## デニムなど定番品こそトレンドを取り入れて

カジュアルな服装だとおしゃれに見せるのが難しい、何を着たらいいかわからないという人は、まず、手持ちの服のアップデートを。とくにデニムやTシャツなどのベーシックなアイテムは、一見同じ形に見えても、シルエットや丈感などに流行があり、昔のものを着ているとそれだけで時代遅れに見えてしまいます。そういった定番アイテムを「今」のものに買い替えるだけで、ぐんとおしゃれに見えますよ。

## 腕時計は必須アイテム。スマートウォッチが◎

「時」が運気のカギを握る年なので、腕時計はマストアイテムです。女性の場合は、ファッション性のある時計かスマートウォッチがラッキー。仕事や日常生活ではスマートウォッチ、おしゃれを楽しみたいときはファッションウォッチというように、TPOに応じて使い分けましょう。どちらかひとつならスマートウォッチが◎。服装や季節に合わせてベルトを付け替えて楽しむのもおすすめですよ。

## 靴は「動きやすい」もの、バッグは斜めがけで身軽に

靴選びのキーワードは「動きやすい靴」。機能だけでなく、見た目も要チェック。今のトレンドに沿ったデザインのものを選びましょう。おすすめはスニーカーやフラットシューズですが、ヒールがあっても歩いたり走ったりすることが苦にならないものならOK。また、バッグは斜めがけやバックパックなど、両手が空くものがベストです。スマホショルダーにスマホとカード類だけを入れて出かけるのも◎。

## ハイブランドのコラボアイテムに着目

「木」の年は、ハイブランドのカジュアルアイテムを上手に取り入れると、運気がアップします。今年の狙い目は、デザイナーズブランドとファッションメーカーやスポーツ用品メーカーとのコラボ製品。まさに「旬」と「おしゃれ」のハイブリッドアイテムなので、ぜひ取り入れてみてください。なかには「このブランドがこの価格で？」というお買い得品もあるので、販売情報はこまめにチェックして。

# 2024年 メンズファッション

## ジャケットスタイルもカジュアルに。ボトムスの丈とバッグにこだわって

男性も女性と同じく、トレンドを取り入れたカジュアルなスタイルがラッキーです。ジャケットスタイルなら、ジャケットをカットソー素材のものにする、革靴ではなくデザインにこだわったスニーカーを合わせるなど、おしゃれにカジュアルダウンを。今のトレンドに合う丈、シルエットのパンツをはくことも大切です。バッグは、ボディバッグやサコッシュなど、トレンドを取り入れたものをTPOに合わせて使い分けましょう。「動」の気を強めてくれるスマートウォッチもぜひつけて。

## 髪型や眉の形にも気配りを。スキンケアにも力を入れて

服装だけでなく、ヘアスタイルやボディケアなど、身だしなみにも気を配りましょう。ヘアカットはこれまでとは違う美容院に行ってみるのもおすすめです。スタイリング剤はなるべく天然由来で香りがきつくない製品を選びましょう。眉の手入れをきちんとすることも大切。自分で上手にできない人は、眉サロンで形を整えてもらいましょう。また、スキンケアにも力を入れて。洗顔後や入浴後にきちんと肌の手入れをするだけで、見た目の若々しさが違ってきます。

# 2024年 九星別 ラッキーファッション

## 七赤金星

トレンドを取り入れつつ、華やかさのある装いを。カシュクールワンピースなど、体に緩やかにフィットする服に、ジュエリーやラメ入りネイルで輝きをプラス。

## 四緑木星

ポロ襟のワンピース、フェイクパールをあしらったトップスにデニムなど、きちんと見えするカジュアルスタイルが運を呼びます。パールの普段使いもおすすめ。

## 一白水星

きちんと感のあるカジュアルスタイルがラッキー。スポーツメーカーとハイブランドのコラボアイテムや旬シルエットのデニムなどで、トレンド感のある装いを。

## 八白土星

カジュアルスタイルをベースに、レースや小花柄、パールなどをプラスして、ほんのりフェミニンに。トップスの裾や襟元からレースをのぞかせるのもおすすめ。

## 五黄土星

バルーン袖のカットソーやコクーンワンピースなど、丸みのあるアイテムでかわいらしいイメージに。シルク素材やゴールドのネックレスで華やかさを出すと◎。

## 二黒土星

デニムのAラインワンピースや花柄のカットソーなど、かわいらしさを意識したカジュアルスタイルが◎。刺繍などで花モチーフを取り入れるのもおすすめです。

## 九紫火星

着心地のよいコンフォートファッションがラッキー。普段着にもこだわって。シャツやカットソーなどのベーシックアイテムは、流行も意識しつつ着回しのきくものを。

## 六白金星

セットアップで清楚な着こなしを。ツーピースの服をワンピース風に着るのもおすすめです。ボタンやステッチがアクセントになっている服もラッキー。

## 三碧木星

上質なアイテム選びが運の決め手。プチプラでも質にはとことんこだわって。デニムやTシャツなどのベーシックアイテムは、流行に合わせて買い替えを。

# ヘア&メイクは旬のスタイルに遊び心を

## 軽さと遊び心のあるヘアスタイルが◎。「今」を感じるメイクテクをマスターして

今年は、昨年に引き続き、「軽さ」を感じられるヘアスタイルが運を呼びます。髪の量が多い人は、シャギーを入れるなど、重く見えないように工夫しましょう。「軽くなった」と感じることで運が上がるので、全体的に少し短めにカットしてみるのも◎。

　また、アシンメトリーにするなど、遊び心の感じられる髪型もラッキー。ランダムにハイライトを入れたり、インナーカラーを入れたりと、色で遊ぶのもおすすめです。

　メイクは、今までのやり方にとらわれず、最新のメイク動画などを見て、流行りのスタイルを積極的に取り入れていきましょう。とりわけ「木」のパーツである眉は、最も流行に左右されやすい部分なので、こまめにトレンドチェックを。自分でうまく描けない場合は、眉専門のサロンで整えてもらうのもひとつの手です。また、コスメやスキンケアアイテムは年々進化しています。時代遅れにならないよう、定期的にアップデートしていきましょう。

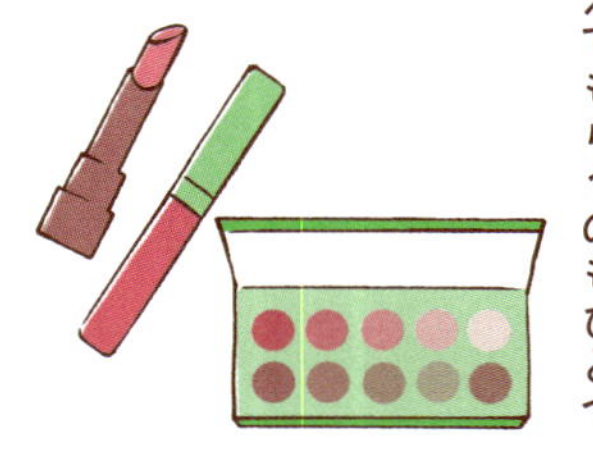

# 2024年 ラッキーヘア＆メイク

## アレンジやカラーで遊び心を。ヘアケアにも気を配って

今年のヘアスタイルは、「軽さ」と「遊び心」がポイント。セミロングやロングヘアなら、今までより少しだけ短くするか、毛先を巻いて軽さを出して。ヘアアレンジで遊ぶのもおすすめです。髪色を明るくするのも◎。職場の服装規定が厳しい、あるいは全体的に色を変えるのは抵抗があるという場合は、インナーカラーで控えめに楽しむのもひとつの方法です。

髪にツヤがないと老けて見えてしまうので、日頃のヘアケアにも力を入れましょう。ヘアケアのやり方を見直すだけで、髪の傷みが軽減することも。ドライヤーなどのケアアイテムもアップグレードしてみて。

## 眉メイクは必ずアップデート！ラメなどで光を上手に取り込んで

メイクはとにかくトレンドを意識して。メイク動画をこまめにチェックして、最新のメイクテクニックを取り入れましょう。昔のガッツリメイクとは違い、今は気になる部分をカバーしつつ、ナチュラルに血色よく見せるメイクが主流。とくにベースメイクのやり方は昔とはかなり違うので、ぜひアップデートを。コスメカウンターで受けられるメイクレッスンサービスを利用するのもおすすめです。

最も重要なパーツは眉。自分でうまくできない場合は、眉専門のサロンで整えてもらうと、コツがつかめます。また、「光」が開運のカギになる年なので、ラメ感のあるアイカラーを使うなど、上手に光を取り込む工夫を。

## メインカラー

### アクアブルー

「水」の気をもち、「木」の気を育てると同時に、天に向かって伸びる力を授けてくれる色。言霊が天に届きやすくなるので、願いがかないやすくなり、成長の気もアップ。悪い言霊をリセットしたり、行動に関する悪いクセを直してくれたりする力もあります。

### ローズレッド

ピンクのニュアンスを感じさせるローズレッドは、ほどよい強さの「火」の気をもつ色。「時」を操る力を活性化し、「動」の気を妨げている原因をクリアにして、チャンスやタイミングをつかみやすくしてくれます。また、眠っていた才能を目覚めさせる力も。

## サブカラー

### スプリンググリーン

「木」のシーズンである春を表す色。春に芽吹く草花のように、自分の人生の「はじまり」をつくってくれる色です。身につけることで、自分の人生にさまざまな運やチャンスが芽吹き、新しいことが生み出されていきます。

## ベースカラー

### アイボリーベージュ

「陽」の気をもつ「土」の色。「木」の気の養分となり、成長をサポートしてくれます。ファッションのベースカラーとして身につけていれば「木」の気の強化につながるほか、疲れたとき、リセットしたいときのエネルギーチャージにも有効です。

## 2024年 九星別 おすすめカラー

本命星に合わせたラッキーカラーです。
2024年のラッキーカラーと組み合わせて使い、運を引き寄せましょう。

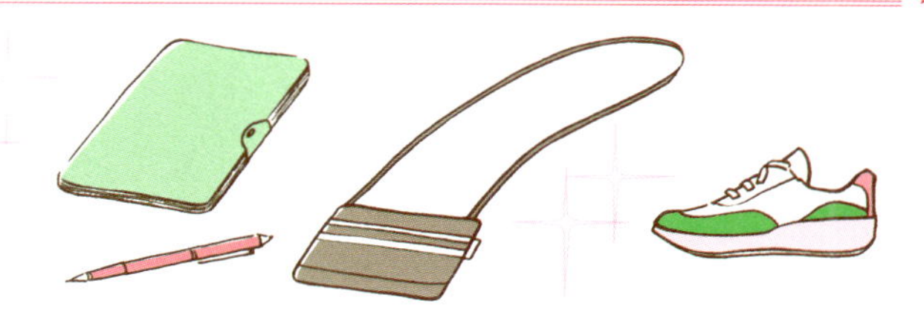

### 七赤金星
**リーフグリーン**

「火」の気、「木」の気を強めてくれる色。成長を促してくれるほか、知識や美しさをもたらし、カリスマ性や存在感を高めてくれます。

### 四緑木星
**エメラルドグリーン**

人とのつながりを強めてくれるほか、美しさや才能を引き出し、成長をサポートしてくれます。ひらめきや直観力を高めてくれる力も。

### 一白水星
**ライトブルー**

「天」の気と「水」の気の両方をあわせもつ色。自分を成長させ、次のステップに導いてくれるほか、願いを天に届けやすくしてくれます。

### 八白土星
**ライトピンク**

さまざまな運気を増やしてくれる「水」の色。愛情運や金運を豊かにしてくれるほか、容姿を美しくして魅力を高めてくれる力も。

### 五黄土星
**パステルイエロー**

楽しみごとや喜びごと、幸せな出来事を引き寄せ、人生を豊かで充実したものにしてくれます。金運アップにも効果的です。

### 二黒土星
**ペールオレンジ**

縁の運気を活性化してくれる色。出会いをもたらし、縁をつないでくれるほか、自分のいいところを表に出してくれる働きもあります。

### 九紫火星
**サーモンピンク**

パートナーとの絆や家族間の絆、友情など、さまざまな絆を深めてくれます。また、喜びごとをもたらし、土壌をより豊かにします。

### 六白金星
**スノーホワイト**

悪い気を浄化し、新しい「はじまり」を作り出す色。これまでの運をリセットし、「まっさら」の状態から運を生み出してくれます。

### 三碧木星
**ライラック**

自分に自信をもって行動できるようにしてくれます。ステータスや地位を高めるほか、女性が身につけると品よく見せてくれる効果も。

# 2024年 ラッキーモチーフ

### ギンガムチェック

人と人とを交わらせ、発展させてくれるモチーフです。長くつき合っていきたい人との仲をよりよいものに発展させてくれるほか、人間関係を安定させる効果も。

### イニシャル

イニシャル＝名前は、自分が初めてもらった言霊を表す文字。才能を引き出し、人目に留まりやすくしてくれます。自分と家族のイニシャルのセット付けも◎。

### 星

「光」や「輝き」を意味し、強い出会い運をもつモチーフ。複数集まるとパワーが強まるので、大きさや色の異なる星が連なったものを選ぶと、より効果的です。

### うさぎ

「飛躍」の運があり、自分を持ち上げて今より高い場所へと連れていってくれます。人気運や社交運を高め、チャンスをつかみやすくしてくれる力もあります。

### メッセージ性のある言葉

LOVE、HAPPYなど、明るい未来や希望を表す言葉を目につく場所に貼ったり身につけたりすると、その言霊が育つ年。自分の好きな単語や格言などでもOKです。

### ストロベリー

自分を向上させる出会いを導いてくれます。とくに恋愛、結婚につながる出会いが欲しい人は、初対面のときに身につけるといい縁が始まりやすくなります。

### ブルードラゴン

青龍は「発展」の象徴。言霊の力や行動力を強める、願いをかなえるなどの力がありますが、品のない使い方をすると逆効果に。品よくおしゃれに身につけて。

### ボーダー、ストライプ

ボーダーは自分のベースを横に広げて人とのつながりを深め、ストライプは成長の効果があります。横と縦の時間軸を広げ、異なる時空とつながりやすくする力も。

### ナンバー

増えたり減ったりする「数」は「木」のモチーフ。自分に縁のある数を意識して身につけると、その数に宿る力(＝数霊)が運気をサポートしてくれます。

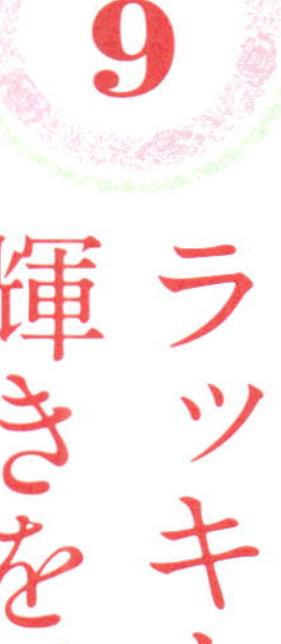


# ラッキージュエリーで輝きを手に入れる！

### カーネリアン

言霊の力を強化してくれる石。よい言霊を話したり受け取ったりする能力を高めるほか、声の力を強めてくれる効果もあるので、言霊遣いを目指すなら、ぜひ身につけて。「火」の気が強いので、耳につけるのは避けて。声の力を強めたいときは胸元につけましょう。

### アクアマリン

細胞を再生させ、肌や容姿から性格まで、悪いところを修復してくれます。そのため、ウィークポイントがなくなり、若く生き生きとした自分になれます。人から贈られることでより強い力を発揮する性質があるので、信頼できる人にプレゼントしてもらうと◎。

### ルビー

さまざまな意味で「上昇」の気をもつ石。生命力や運気を活性化し、代謝を上げ、ステータスや才能を高めてくれます。パワーが非常に強く、生命力が弱っているときにつけるとパワー負けしてしまうこともあるので気をつけましょう。つける場所は耳以外がおすすめ。

### ターコイズ

細胞を活性化させ、若さや活力を与えてくれるほか、自分でも気づかなかった才能や能力を引き出し、開花させてくれる力があります。さらに、悪いものから身を守ってくれる力もあるので、お守り石にも。カジュアルスタイルに合うので普段使いにおすすめです。

# ラッキーフードで運気を育てよう

## 新鮮な旬の食材をカジュアルなスタイルで食べて。酸味やスパイスをきかせるとさらに運気アップ！

コース料理や懐石料理のような格式張った食事スタイルより、カフェやアメリカンダイナーのようなカジュアルなスタイルがラッキーな年です。スピーディなことも運気アップにつながるので、グルメ系のハンバーガーなど、こだわりのあるファストフードも◎。

ラッキー食材は、豆類やいちご、酸味のあるもの、魚介類、葉もの野菜など。余分な糖質は運気ダウンの原因になるので、糖質オフ食品も上手に取り入れていきましょう。どの食材も、なるべくフレッシュな状態で食べるのが運気アップの秘訣。火を通す場合は、焼く、揚げる、マリネするなど、短時間でサッと加熱して食べましょう。スパイスカレーなど、いろいろなスパイスを加えて食べるのも、気を八方に広げてくれるのでラッキーです。レモンやスダチなどの柑橘類を搾り、酸味を加えて食べると、さらに運気アップ。

また、旬の食べ物には強い運気があるので、その季節の旬の食材は、いち早く食卓に取り入れて。流行りの料理やスイーツも積極的に食べてみましょう。水素調理レストランなど、最先端の調理法を取り入れている店に行ってみるのもおすすめです。

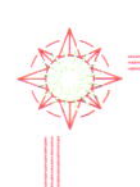

# 2024年 ラッキーフード

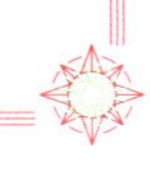

## 糖質オフ食品

余分な糖質は「木」の気の成長を阻害するので、とりすぎには気をつけたいもの。糖質オフや低糖質の食品も増えてきているので、それらを活用して、糖質摂取量をコントロールしましょう。

## サラダ

「木」の気をもつ葉野菜を酸味のあるドレッシングであえるサラダは、「木」の年の運気にぴったりの料理。シーフードや酸味のある柑橘類を入れると、さらに運気がアップします。

## いちご、ベリー類

「はじまり」の運気をもち、出会いや新たなチャンスを呼び込んでくれます。ジャムなどの加工品より、果実そのものを味わうのがおすすめ。いちごを使ったパフェやスイーツもラッキーです。

## 酸っぱいもの

酸味は「木」の味覚。気を上に引き上げてくれます。レモンやライムなどの酸っぱい柑橘類、レモネードやサワードリンク、ビネガー類のほか、マリネや南蛮漬けなど酢を使った料理も◎。

## 魚介の缶詰

海中を活発に動き回る魚は「動」の気を強めてくれる食材。貝類には「閉じ込める」という運気があります。どちらも缶に「詰める」ことで「時」の運気をよい方向に動かしやすくなります。

## 豆、豆の加工品

「芽が出てぐんぐん育っていく」豆は、三碧木星の象意そのもの。グリンピース、そら豆などのほか、乾物の豆類、豆菓子、豆ヌードルなども◎。フムスなどの豆料理も積極的に食べて。

## チョコレート、コーヒー

豆から作られるコーヒーやチョコレートは、今年のラッキーフード。コーヒーには土壌にこもった悪い気を浄化する働きも。チョコレートはカカオ成分の割合が高めのものがおすすめです。

## 発泡性の飲み物

ビール、サイダー、炭酸水などの発泡性の飲み物は、気を上に上げてくれます。朝起きたとき、食事の最初の乾杯のときなどに飲むと、より効果的。レモンやライムを搾って飲むのも◎。

## ナッツ類

くるみやアーモンド、ピスタチオなどのナッツ類は、「木」の気をもち、成長や発展を促してくれます。シリアルに加える、サラダのトッピングにするなど、日常の食事に取り入れて。

Lesson 11

# 「今」を上手に取り込んで、おしゃれで機能的な空間づくりを

## 今年のテーマは「ナチュラルモダン」。スマートホーム化にもぜひチャレンジして

2024年のインテリアは、「ナチュラルモダン」がテーマ。木材の色や質感を生かしたナチュラルベースのインテリアに、タイポグラフィのポスターや北欧テイストの柄物ファブリック、モダンなデザイナーズチェアなどで流行を取り入れ、「今」を感じる空間をつくっていきましょう。サブライトを上手に使うと、さらに運気がアップします。

もうひとつのテーマは「スマートホーム化」。最近は、スマホやスマートスピーカーから操作できる、いわゆる「スマート家電」が増えています。古い家電を買い替えたいと考えているなら、今こそ取り入れるチャンス。既存の家電をスマート家電化できる後付けデバイスもあるので、ぜひスマートホーム化への一歩を踏み出してみてください。どこから始めたらいいかわからないという人は、まずスマートスピーカーの導入から始めてみて。テレビをスマートテレビにするのも効果的です。

また、オーディオやパソコン、スピーカー、ヘッドフォンなど、「音」や「画像」に関する機器類もリニューアルを。おしゃれなデザインの音響機器をインテリアとして取り入れるのもおすすめです。

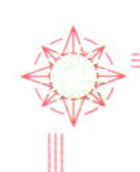

# 2024年 インテリア開運ポイント

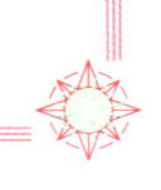

## パソコンを軽くすると「動」の気アップ！

身軽さが運気アップにつながる年なので、仕事に関するアイテムはできるだけ軽くしていきましょう。とくにパソコンを軽くすると、持ち歩くことが苦にならず、どこでも仕事ができるので、「動」の気がぐんとアップします。本や資料はデジタル化すれば、さらに身軽に。「仕事は決まった場所ですべき」「書類は紙で保管しなくては」などという固定観念を見直すことも大切です。

## リモートワーク用の背景をおしゃれに

ここ数年、リモートワークを積極的に取り入れる企業が増えています。リモート会議や打ち合わせなどで自分の背後が映るなら、その部分をきちんと整えておくようにしましょう。背後に棚などがあり、ごちゃついて見える場合は、パーティションを置くか、おしゃれな布で目隠しを。逆に殺風景な壁しか映らないなら、壁付けできる棚に季節の小物を飾ったりポスターを貼ったりしてみて。

## 秩序を乱す家具は買い替え、家電をアップデート

「木」の年は、「秩序のある整理整頓」ができているかどうかが重要です。きちんと片付いていても、家具の色やテイストはバラバラ……という状態は運気ダウンのもと。空間の雰囲気にそぐわない家具は、思いきって処分するか買い替えを。また、映像や音、通信関連の電化製品も、この機会にアップデートしましょう。テレビを壁付けタイプにするなど、置き方や配置を見直すのも◎。

## 「文字」「写真」をインテリアのアクセントに

言霊が力をもつ年なので、数字やアルファベットのオブジェ、タイポグラフィのポスターなど、「文字」「数」をモチーフにしたアイテムを、インテリアのアクセントに。自分と家族のイニシャルをセットで飾ったり、「WELCOME」などと書かれたサインボードをドアにかけたりするのもおすすめです。また、きれいな風景の写真や家族で撮った写真をフレームに入れて飾るのも◎。

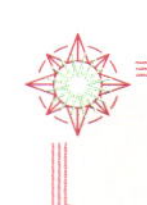

# 2024年 九星別 お掃除ポイント

## 七赤金星

電化製品まわりのほこりを取り除き、窓や鏡のふき掃除を。コスメやメイクブラシなど「美」に関わるアイテムもこまめに整理しましょう。水まわりも清潔に。

## 四緑木星

水まわりを清潔に。こまめに掃除をし、浄化系の香りを漂わせて。「水」の場所である寝室もきちんと整えて寝心地をよくしましょう。雑貨の見直しも開運行動。

## 一白水星

重点ポイントは机まわり。古い雑誌や書類などの紙類を処分し、パソコンやスマホ内のデータも整理を。使わずに置いてある家電製品もこの機会に処分して。

## 八白土星

家具の裏や排水口、浴室のシャンプーボトルの裏など、見えない場所をきれいに。また、水まわりなど湿気がたまりやすい場所は、除湿と除菌を徹底しましょう。

## 五黄土星

キッチンの油汚れを徹底的にきれいにしましょう。換気扇も定期的に掃除を。また、冷蔵庫は中身を全部出してふき掃除し、期限切れ食品は処分しましょう。

## 二黒土星

窓辺を掃除すると運気アップ。窓ガラスを磨き、網戸も定期的に洗って。また、気の出入り口である玄関のドアノブはこまめに水ぶきし、家中の鏡をピカピカに。

## 九紫火星

家具の裏側など見えない部分を掃除し、ソファの張り地や椅子のクッションを見直して。引き出しやケース内の収納を整えたり、食器を整理したりするのも◎。

## 六白金星

アルバムや子どもの作品などの思い出グッズを整理し、押し入れの天袋など、高い場所を掃除して。生活スタイルの変化に合わせて収納を見直すことも大切です。

## 三碧木星

リビング、ダイニングなど、家の中心となる場所を整えましょう。とくに床掃除を念入りに。椅子やソファーの座り心地を整えたり、張り地を替えたりするのも◎。

Lesson 12

# グリーンや花とともに暮らし、運を成長させよう

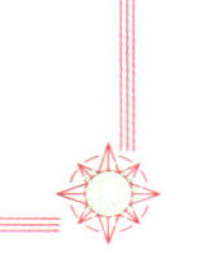

## 2024年 おすすめのグリーン＆フラワー

### 上に向かって伸びるタイプが◎。水耕栽培なら気の循環促進も

天に向かって伸びる植物は、強力な「成長」の運気を与えてくれるラッキーアイテム。今年はぜひ自分で育ててみてください。観葉植物にはさまざまな種類がありますが、今年のおすすめは、パキラ、幸福の木（ドラセナ・マッサンゲアナ）、ミリオンバンブーなど、上に向かって伸びるタイプ。いずれも成長や若さ、発展の運気をもたらしてくれます。また、水耕栽培で育てられるトラディスカンティアなども◎。「木」の気を家中に循環させてくれる効果があります。

### 球根花やミモザに枝もの、葉ものを組み合わせて

2024年のラッキーフラワーは、チューリップやアネモネ、ムスカリ、フリージアなどの球根花。庭やプランターで球根から育てれば、自分の運気も大きく育ちます。もちろん切り花で楽しむだけでもOK。また、明るいイエローカラーが「希望」を表すミモザ、今年のラッキーカラーである赤や青の花もラッキーフラワーです。ライラックやドウダンツツジ、ユーカリなどの枝もの、葉ものと組み合わせると、「木」の年らしいアレンジになります。

Lesson 13

# 気分の上がる香りで運気アップ

## 2024年 ラッキーフレグランス

### 柑橘系（レモン、グレープフルーツなど）

柑橘系の中でも、酸味の強いレモンやグレープフルーツなどの香りには、気を上昇させる働きがあります。レモンは仕事に関わるよい出会いをもたらすほか、金運を活性化させてくれる運気も。グレープフルーツは若さや発展の運気を与え、やる気を高めてくれます。

### ペパーミント

強い浄化作用をもつ香り。とくに木毒と火毒を浄化してくれる働きをもっており、気分をリフレッシュしたいとき、イライラを鎮めたいときにおすすめです。また、行動力を高め、さまざまな運気を発展させてくれる効果があるので、運気に滞りを感じたときに使うと◎。

### ティーツリー

浄化作用をもつ香り。とくに木毒、土毒を浄化してくれる効果があります。ルームフレグランスなど日常生活の中で取り入れると、ベースにある悪いものを浄化してくれます。土毒から生じるとされているアレルギー疾患の症状をやわらげる効果もあります。

### ユーカリ

健康を取り戻し、やる気や集中力を高めてくれます。リモートワークのときなど、頭をクリアにしたいとき、集中したいときのルームフレグランスにもおすすめ。悪運を清浄化してくれる効果もあり、空間や体の中にたまった悪い気をクリアにしてくれます。

### ローズウッド

疲れてやる気が出ないとき、行動を起こす勇気が欲しいときにおすすめの香りです。心身の疲れを癒し、体全体のバランスを回復して、気分を明るく元気にしてくれます。また、行動力ややる気を高め、目標に向かっていく自分をつくってくれます。

欲しい運を手に入れるための

# 2024年 旅行風水

自分に足りない運は、
旅行風水でゲットするのが一番の方法。
いい方位と悪い方位をきちんと確認しましょう。

運を取りに出かけよう

# 旅行風水の基本

風水で「旅行」とは、旅先の土地の気をもち帰り、
その運気を得るための行動と考えます。
ポイントを押さえて、旅の効果をアップさせましょう。

## 出発前は…

### 必ず自分の吉方位に出かけましょう

自分の運気を好転させたいなら、足りない運気をもつ方位へ、その運を取りに行くのが最も効果的な方法です。ただし、たくさんの生気と運気を吸収するためには、訪れる場所が自分の〝吉方位〟であることが絶対条件。九星ごとにいい方角が異なるので、P.66からの九星別運勢で月の吉方位を調べ、その方角のスポットを訪れてください。ただし、家から35㎞未満は自分の地盤となり、方位の気が作用しません。35㎞以上離れた場所を選びましょう。

もし家族など二人以上で出かけるなら、全員の吉方位に出かけるのが理想的です。どうしても方位が合わない場合は、その家の主人の吉方位を最優先してください。

なお、帰宅後に運が定着しやすいように、きちんと部屋の掃除をしてから出かけることも忘れずに。

**POINT**

- 旅行先の方位と自分の吉方位を確認する
- 目的地は自宅から35㎞以上離れた場所を選ぶ
- 複数人で出かける場合、できるだけ全員の吉方位に合わせる
- 出発前には部屋の掃除をする

## 帰宅したら…

# たっぷりの睡眠で運気の吸収を

帰宅後の過ごし方も大切なポイント。まず、お土産は3日以内に使い始めて。人にあげるお土産も、早く渡すほど自分自身にも運が返ってきます。また、帰宅した日はたっぷりの睡眠を。そのあと、早起きして朝日を見ると、吸収した運気が動き出します。

なお、効果が出る前に「凶意(毒出し)」と呼ばれる現象が現れることがあります。これは、いい運気を吸収したあと、今までたまっていた悪運を体内から押し出そうとし、一時的に運気や体調が悪くなること。人によって凶意の出方は異なりますが、これが収まると、自分にとってよかったと思えることに変わります。この期間は前向きに過ごしましょう。

POINT

- ▼帰宅した日は睡眠をしっかりとる
- ▼自分へのお土産は3日以内に使い始める
- ▼毒出し期間は慌てず前向きに

## 吉方位の効果と旅行月

# 4・7・10・13の法則で効果実感

旅行風水「4・7・10・13の法則」とは、旅行後に吉方位に出かけた効果が表れる時期を示したもの。P.66からの九星別運勢に出てくる🌙は月の吉方位で、4・7・10・13カ月目のいずれかに、★は年の吉方位で、4・7・10・13年目のいずれかに効果が期待できることを表します。また◎は、月と年の吉方位が重なるときで、🌙と★の両方の効果が期待できます。

そして年に数回、旅行の効果が6～10倍になる「旅行月」があります。2024年の旅行月は4月(4月4日～5月4日)。とくに4月11日、20日、29日は効果が10倍になる特別デー。ぜひこの日に吉方位に出発できるよう、旅行の計画を立てて。

POINT

- ▼吉方位の効果は月と年で表れる
- ▼旅行月は効果が6～10倍に

2024年

# 開運方位とおすすめ旅スタイル

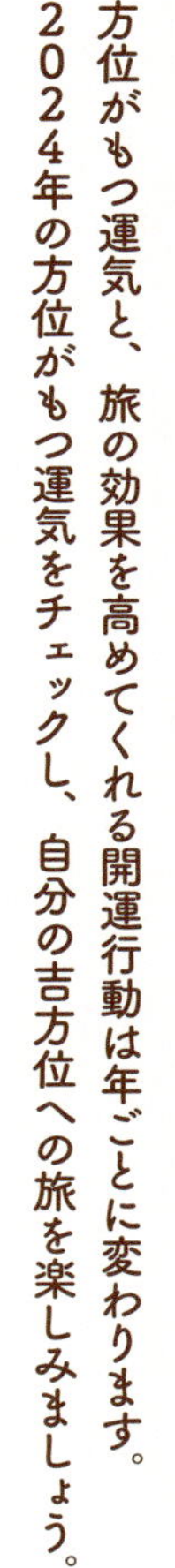

方位がもつ運気と、旅の効果を高めてくれる開運行動は年ごとに変わります。2024年の方位がもつ運気をチェックし、自分の吉方位への旅を楽しみましょう。

## 旅スタイルは？

「動」の気をもつ三碧中宮年の旅行は、例年より〝行動〟と〝移動〟から得られる運気が大。訪れた土地では自らさまざまなアクションを起こし、開運行動も積極的に取り入れて。行きたい場所、したいことは事前に調べ、効率のいい時間の使い方を。午前中の時間を充実させると運の吸収率がアップするので、いつもより早起きをするのも〇。将来の夢や希望についてもたくさん話しましょう。

## 観光スポットと旅先での開運行動は？

ラフティング、アスレチック、森林ヨガ、サップなど、土地の利を生かしたスポーツアクティビティや、果物の収穫、潮干狩り、天体観測など、その場所ならではの体験型のイベントに参加しましょう。美術館の展覧会、ミュージカルやコンサートなど、文化的なイベントを楽しむ都市への旅もおすすめです。移動を楽しむのは2024年の開運行動なので、寝台車、イベント列車や観光列車、クルーズ船、レンタサイクルなど、移動手段にもこだわって。思い出を写真や動画に残す、気分が上がる音楽を持参して旅行中に聴く、映画やドラマ、アニメやPVのロケ地を巡る〝聖地巡礼〟旅も〇。また、結婚記念日や誕生日などの〝始まり〟の日を祝う旅には、旅の効果を高める運気があります。

## 今年、とくに心がけたい旅行前後の行動は？

旅行前には、訪れる場所の交通状況、観光地やレストランなどをきちんと調べ、タイパのいい旅の計画を立てましょう。2024年は時間にルーズになるのはよくありませんが、逆にスケジュールを気にしすぎたり、予定を詰め込みすぎて時間に余裕がなかったりするのも×。充実した時間を過ごすことが大切なので、お金を節約しすぎて楽しみが減ってしまうようなプランも避けて。また、家の掃除もして、とくに紙ごみ、不要な写真やメールのデータを削除。旅行に履いていく靴もきれいに。

帰宅後は、早めに荷物を解いて片づけをし、そのときの自分の気持ちに合った音楽を聴くと、旅で得た運が自分や空間に定着しやすくなります。旅の思い出の写真を見たり、SNSにアップしたりするのもおすすめ。

▼スーパー浄化運
▼改善運 ▼恋愛・愛情運
▼健康回復運

強力な浄化のパワーをもち、すべての悪運を浄化してよりよく変化させます。恋愛の滞りをクリアにし、愛情を深めて大切な人との絆も強固に。体の不調を改善させる効果も。また、貯蓄しやすい環境を整えてくれる運気もあります。

**開運行動**

◆湖や渓流、滝の近くで深呼吸
◆山頂や展望台から景色を眺める
◆桜など、季節の花を見て、写真を撮る
◆名物の乳製品を食べる

**宿**

◆リニューアルしたモダンな老舗旅館
◆水辺が見える宿や、景色のいい露天風呂付きの宿

**お土産**

◆日本酒を使ったコスメ
◆老舗店の生菓子

▼蓄財運
▼目標達成運
▼やる気上昇運

ステータスがアップし、財産を築いていくことができます。これまで努力してきたことの結果も出やすくなり、望むような成果が得られるでしょう。向上心や好奇心が刺激されることに出合え、やる気も上昇していきます。

**開運行動**

◆普段できない、ちょっと贅沢な体験をする
◆素敵な風景写真を撮り、帰宅後に飾る
◆四季の景色や、晴れている日は空を眺める
◆新しい白い下着を身につけて出かける

**宿**

◆絶景を楽しめる宿
◆コンセプトルームやキャラクタールーム

**お土産**

◆モダンなデザインの民芸品
◆バスソルト

# 東

凶方位

東には暗剣殺が巡っているため、すべての人にとって凶方位です。暗剣殺とは、2024年の方位盤で、五黄土星の反対側に位置する方位のこと。この方位に行くと、思わぬトラブルに巻き込まれやすくなります。

## どうしても東に行かなくてはいけないときは

- 事前にしっかりリサーチして、旅の予定を立てる
- 好きな音楽を聴きながら向かう
- 時間に余裕をもつ
- 余計なことには口を出さない
- 悪い言霊は言わないし、できるだけ聞かない

# 南東

- 縁を結ぶ運
- 人間関係運
- 家庭運

縁に関する運気をベースからととのえます。とくにパートナーとの出会いから結婚までの縁を強力サポート。人とのつながりも広げて深めるので、信頼できる人と出会いやすくなります。夫婦や家族など、親しい人との絆も強めます。

### 開運行動

- ショッピングモールやアウトレットパークで、買い物やウィンドウショッピング
- その土地ならではのオプショナルツアー、郷土を感じる催しに参加
- フェリーや観光船に乗る

### 宿

- スパ、サウナ、マッサージなどが充実した宿
- コンドミニアム、和洋室やテラス付きの部屋

### お土産

- 花の香りのコスメ、ご当地キャラグッズ、布雑貨
- 名産の果物入りお菓子

# 南

▼金毒浄化運
▼ステータスアップ運
▼ビューティー運

お金に関するあらゆるマイナスを消し去ります。そのうえで財運を引き寄せ、ステータスも向上。輝く美しさが手に入り、ダイエットの効果も出やすくなるでしょう。もっと恋愛を楽しめるように軌道修正もしてくれます。

**開運行動**

◆話題のおいしいものを食べて、食事時間を満喫
◆神社仏閣、教会などの聖なる場所で、いい言霊を残す（口にする）
◆服にトレンドを取り入れ、おしゃれを楽しむ
◆海辺や、眺めのいいレストランへ足を運ぶ

**宿**

◆豪華なビーチリゾートやデザイナーズホテル
◆料理がおいしい、施設の充実した宿

**お土産**

◆塩や、その土地ならではの調味料
◆魚介類の缶詰

# 南西

▼運気活性運
▼家庭円満運
▼健康運
▼ビューティー運

地盤を活性化し、あらゆる運気を底上げします。とくに知識が身につきやすく、努力が実って評価も得られます。悪縁切り、コンプレックス解消の効果も。家庭内の問題が改善されて円満に。容姿が磨かれ、生命力もアップ。

**開運行動**

◆その土地を知るためのオプショナルツアー、催しやお祭りに参加
◆伝統芸能にふれる
◆パワースポットに行き、願いを言葉にする
◆インフルエンサーが紹介している店や場所へ行く

**宿**

◆ランキング上位の和モダンの宿
◆ラグジュアリーな宿のお得プランを利用

**お土産**

◆有名店の佃煮や漬物、郷土料理
◆名産果物入り焼き菓子

# 西

## 凶方位

西には五黄殺が巡っているため、全ての人にとって凶方位です。五黄殺とは、2024年の方位盤で、五黄土星が位置する方位のこと。この方位に行くと思わぬ失敗を招き、大切なものを失いやすくなります。

### どうしても西に行かなくてはいけないときは

- ☑ 白い下着を身につけて出かける（セットアップが○）
- ☑ 少額でいいので、必要のないもの、無駄なことにお金を使う
- ☑ 同行者に食事などをごちそうする
- ☑ お酒を控える
- ☑ 帰宅後、着ていった服、あるいは下着を処分する

# 北西

## 凶方位

北西には歳破が巡っているため、全ての人にとって凶方位です。歳破とは、2024年の方位盤で、年の干支の反対側に位置する方位のこと。この方位に行くと、今あるもの、これまでに築いてきたものを失いやすくなります。

### どうしても北西に行かなくてはいけないときは

- ☑ 緑色の天然石を持っていく
- ☑ クレジットカードで支払わない
- ☑ 大金を持っていかない
- ☑ その土地の有名な神社や教会に立ち寄る
- ☑ 帰宅後、お墓参りに行くか、仏壇に手を合わせる

2024年

# 幸せパワースポット

三碧中宮年におすすめの、自分が進むべき道を照らし出し、導いてくれる日本全国のパワースポットを厳選。前進するパワー、やる気を与えてくれる運を吸収して、チャンスをつかみましょう。

## 美瑛・富良野周辺(びえい・ふらの)

北海道

**大雪山からのパワーを受けて開放的な気を吸収**

大雪山から流れ出る気が拡散されており、観光を楽しんでいるだけで気を取り込めます。とくに上昇の気が強まる春先から夏にかけてが○。

## 香取神宮(かとりじんぐう)

千葉県

**成長と発展の気が、やる気を引き出して人生を輝かせる**

総門をくぐると上昇する気を体感できます。「木」の気を感じながら拝殿と御本殿のまわりを一周し、本殿左手にある大木も見上げて。

## 北口本宮 冨士浅間神社(きたぐちほんぐう ふじせんげんじんじゃ)

山梨県

**心の迷い、運気の滞りを消し去り、向かうべき場所へと導く**

富士山の陰陽のバランスをとっているスポット。とくに拝殿の前の太郎杉と夫婦桧の周辺、境内にある諏訪神社拝殿前で心静かな時間を。

## 熊野大社(くまのたいしゃ)

山形県

**未来を切り開くための願いをかなえ、豊かさや喜びごとにも恵まれる**

境内全体に光のパワーが満ち溢れているので、気に入ったところで深呼吸をしたり空を見上げたりして。大銀杏が色づく季節に訪れるのも◯。

## 久能山東照宮(くのうざんとうしょうぐう)

静岡県

**上を目指して突き進むためのパワーをくれる。出世運もあり**

立身出世の運、英雄を生むパワーをもつ神社。1159段ある石段を上り、そこから目の前に広がる駿河湾を眺めると、より強力な生気を吸収できます。

## 玉置神社(たまきじんじゃ)

奈良県

**自分がやるべきこと、進むべき道に気づかせてくれる**

ゆっくりと滞在し、広範囲に満ちる濃厚な生気を吸収。御本殿先の山道を登ったところにある玉石社にはぜひお参りを。人生の大きな気づきが。

## 丹生川上神社下社

奈良県

**希望や夢に向かう道筋をつくり、自分自身を大きく発展させる**

境内には清らかな気が漂い、とくに拝殿奥にある、御本殿へと続く階段に流れる生気が強力。その方向を眺めながら願いを言霊に。紙製の人形で行うお祓いも行って。

## 神倉神社

和歌山県

**強力な生命力が体に宿り、プラスのエネルギーが満ちる**

五百数十段ある急勾配の石段を上ると見えてくるゴトビキ岩の巨石。御神体でもあるその岩の上の気は強力です。エネルギーを体内に取り込む気持ちでお参りを。

## 鵜戸神宮

宮崎県

**才能を生み、可能性を広げる。新しいものを生み出すスポット**

海を眺めながら参道を歩き、霊石亀石では窪みに運玉を投げ入れる運試しを。御本殿では温かい気を感じ、滴り落ちるお乳水にもふれて。午前中の参拝がベター。

## 熊野那智大社・那智の滝

和歌山県

**気になることを全て流してリセット。新しい展開を生み出す**

強力なパワーをもつ拝殿前でゆっくり参拝。近くの那智の滝ではリセットしたいこと、生まれ変わった自分をイメージしながら滝を眺め、写真も撮りましょう。

## 高良大社

福岡県

**自分の中の淀んだ気を押し流し、よりよい状態へと導く**

拝殿前から三歩ほど後ろに下がったあたりと、御神木の大樟付近の気が最も強力。流し去りたい出来事、嫌な思いを意識しながら境内を散策すると効果的。

## 高千穂神社

宮崎県

**新たな可能性を発見し、未来へと進んでいくパワーをいただく**

拝殿前と拝殿に向かって右側の秩父杉周辺に生気が満ちています。また、夫婦杉から秩父杉へと、木から木へと向かうパワーも体感。午前中の参拝が効果的。

# 風水の方位の測り方

風水で方位を割り出すときは、自宅を基点に測りましょう。ただし、風水では地図の真北ではなく、やや西に傾いた「磁北(じほく)」を中心に定めます。この傾きを西偏角度といい、住んでいる地域によって多少異なります。下記の表を見て、自宅から近い場所の西偏角度を参考にしてください。

## 方位の測り方と西偏角度

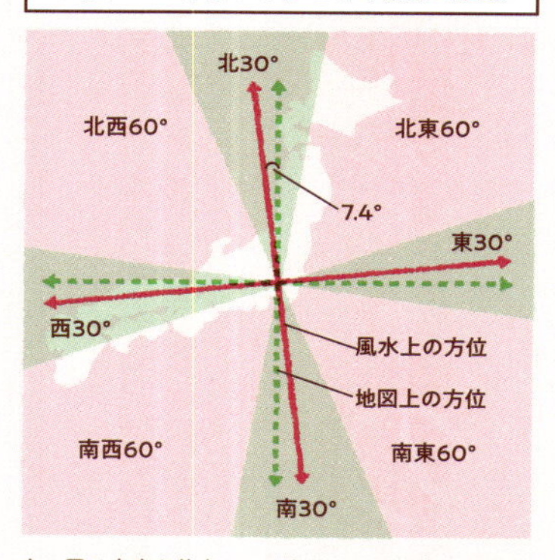


上の図は東京を基点にした方位マップ。東京の西偏角度は7.4度なので、地図上の真北から7.4度西に傾いたところを北とし、ほかの方位を割り出しています。

## おもな都市の西偏角度

| 都市 | 度数 | 都市 | 度数 |
|---|---|---|---|
| 札幌 | 9.4 | 名古屋 | 8.0 |
| 盛岡 | 8.3 | 京都 | 8.0 |
| 仙台 | 8.3 | 大阪 | 7.4 |
| 福島 | 8.0 | 神戸 | 7.5 |
| 東京 | 7.4 | 和歌山 | 7.4 |
| 横浜 | 7.4 | 鳥取 | 8.3 |
| 甲府 | 6.4 | 広島 | 7.5 |
| 新潟 | 8.4 | 高知 | 7.4 |
| 金沢 | 8.2 | 福岡 | 7.5 |
| 静岡 | 7.1 | 那覇 | 5.3 |

## 海外の方位を見るとき

海外旅行の場合、国内に比べて移動距離、滞在時間とも長くなるため、表れる効果も大きくなります。海外に出かけるときは、国内よりも慎重に方位を確認しましょう。

ただ、海外の場合は地球が丸いため、地図に線を引くことはできません。参考として、東京を基点にしたおおよその方位を右記にまとめました。これをだいたいの目安として、お住まいの地域からの方位を測ってみてください。

## 東京から見た海外の方位

|  |  |
|---|---|
| 北 | 北極 |
| 北東 | カナダ（トロントやナイアガラの滝付近を除く）、アラスカ |
| 東 | アメリカ本土 |
| 南東 | ハワイ、タヒチ、南米 |
| 南 | オーストラリア（パース付近を除く）、グアム、サイパン |
| 南西 | 台湾、香港、東南アジア |
| 西 | スペイン、イタリア、ギリシャ、フランス（南部）、エジプト |
| 北西 | ドイツ、イギリス、フランス（北部）、オーストリア |

運気の流れを知って、チャンスを手に入れる！

# 2023年9月〜2024年12月
# 毎月の九星別運勢

2023年9月から2024年末までの全体運と、
毎月の運勢・吉凶方位を九星別に紹介します。

# 9月

9/8～10/7

2023年
9月～12月の
九星別運勢

## 七赤金星

規則正しい生活で運気をととのえましょう。早寝早起き、栄養バランスのとれた食事、適度な運動を心がけて。また、家族や友人など身近な人と過ごす時間を大切に。多くの体験を共有し、絆をより深めましょう。

## 四緑木星

身のまわりの変化を前向きに受け止め、柔軟に対応を。また、季節の移り変わりに心を留めると、変化が促されます。日差しの変化や空の様子、道行く人の服装などから、夏の終わりと秋の訪れを感じ取りましょう。

## 一白水星

やりたいことに挑戦し、新しいことを始める好機。強運期の今なら何をやってもうまくいきそう。好調な運を保つにはまわりへの感謝を忘れずに。また、何事も焦ったり慌てたりせず、落ち着いて取り組むよう心がけて。

## 八白土星

雑誌やテレビ、SNSなどから有益な情報をキャッチ。日々の生活に生かし、自身の成長に役立てましょう。また、運気の流れが速いのでスピーディに行動を。効率アップに努め、計画的に取り組むことも大切です。

## 五黄土星

人に話しかけられたり、遊びに誘われたりすることが増えそう。相手を思いやり、謙虚な姿勢を心がけると人気運は好調をキープ。感情的な面もあるので、北枕で寝るなどして冷静さを保つようにしましょう。

## 二黒土星

いつも朗らかで余裕のある「幸せそうな人」を目指しましょう。人といるときだけでなく、一人のときも実践を。運気が低下気味のときは長めに睡眠をとって。快適な寝具を使うなどして睡眠の質も高めましょう。

## 九紫火星

身近な関係を深め、新しい交流にも積極的になり、豊かな人間関係を築きましょう。出会いがない人は、あえて今まで縁のなかった場所を訪れ、「縁」の気を活性化させて。柑橘系の香りを漂わせるのも○。

## 六白金星

朝は早起きをして有意義に過ごしましょう。朝食をしっかりとり、身支度を丁寧に行って。ストレッチをする、ニュースをチェックするのも○。夜は恋愛映画や夜景などを楽しみ、ロマンチックな気分に浸って運気を豊かに。

## 三碧木星

「楽しい！」と思う瞬間に運気が上がります。好きなことを楽しみ、気の合う人と過ごして。また、娯楽費や交際費など楽しむための出費は惜しまずに。「生き金」として、いずれ運になって戻ってくるはずです。

# 10月

10/8～11/7

## 七赤金星

幸運は屋外に宿るので、外で過ごす機会を増やしましょう。とくに秋空の下でスポーツを楽しむと運気も活性化するのでおすすめです。また、家族に朗報があったときは家族写真を撮り、さらなる発展を促して。

## 四緑木星

ビューティー運が好調です。理想の自分をイメージし、そこに近づけるよう美容やフィットネスに取り組んで。また、日常生活ではリネン製品を取り入れると「火」の気が抑えられ、穏やかに過ごせます。

## 一白水星

自分の言動が運を左右しやすいとき。人には親切に接し、品のある立ち居振る舞いを心がけて。何事も向上心をもって行い、愚痴や悪口は控えましょう。ラッキーパーソンは、両親や上司、先生など目上の人。

## 八白土星

今まで縁のなかったタイプの人と交流し、新たな運を招きましょう。交流の場では柑橘系の香りを漂わせ、好感度を上げて。出会いが少ない人はメールの整理を。不要なメールやアドレスは削除しましょう。

## 五黄土星

自分らしさを全面に出し、豊かな運を育みましょう。理想の自分のイメージに合った下着を身につけるのも効果的です。また、家族や友人など身近な人と過ごし、夜は早めに寝て、運気の安定をはかるよう努力を。

## 二黒土星

おいしいものを食べ、笑顔になると運気アップ。お酒を飲むならワインを選び、食後にはデザートも食べて。金運アップにはキッチンの掃除が効果的。早めに大掃除をするつもりで、徹底的にきれいにしましょう。

## 九紫火星

自分を見つめ直し、よいところと悪いところを再認識しましょう。夢や目標を改めて確認し、達成までの距離感をつかむことも大切です。自分の立ち位置を知り、必要なら軌道修正することで運が動き出します。

## 六白金星

何事も目標をもち、前向きに取り組みましょう。落ち着いた行動が成功につながるので、根菜を食べる、土の上を歩くなどして「土」の気を吸収して。また、健康的な生活を送り、運気をととのえることも大切です。

## 三碧木星

思い出の地や以前から行きたかった場所を訪れると運気アップ。また、森で過ごすのもおすすめです。人間関係は、今まで敬遠していた人と意気投合しそう。自分から話しかけ、さまざまな話題で共通点を探って。

# 11月

## 11/8 〜 12/6

### 七赤金星

新たな縁が新たな運をもたらします。出会いの場には積極的に出かけ、多くの縁とつながりましょう。また、髪や肌が乾燥すると縁が遠のくので、保湿ケアを入念に。水まわりも清潔に保ち、良縁を呼び込んで。

### 四緑木星

雨の日は外出を控え、家でゆっくりティータイムを楽しんで。夜はリラックスして過ごし、運を育みましょう。ストレスは映画を観て思いきり泣くと発散できます。ハッピーエンドの作品を選ぶと気持ちも前向きに。

### 一白水星

楽しいことを率先して行い、運気アップをはかって。とくに食事を楽しむのがおすすめです。料理だけでなく会話や食卓の雰囲気にもこだわると○。また、下着やタオルは肌触りのいいものを使い、豊かな運を招きましょう。

### 八白土星

考えるよりもまず行動を。成功イメージを頭に浮かべ、「必ずうまくいく」と自信をもって取り組んで。ただし、自分勝手な行動をするとうまくいきません。まわりとの協調姿勢を忘れずに、共に高め合うことが大切です。

### 五黄土星

日常に忙殺されると運を生み出せない体質に。一度立ち止まって現状を振り返り、今後について考えましょう。そのうえで目標を立て、達成計画を練ると運気の流れが促され、幸運や良縁がもたらされます。

### 二黒土星

環境の変化が増えますが、前向きに捉えて自分の運に取り込みましょう。日頃から洞察力を鋭くし、変化にいち早く気づくことも大切です。また、家では普段通りに過ごし、変化で消耗したパワーを回復させて。

### 九紫火星

上を目指す姿勢が運を引き上げます。自分磨きに励み、何事も向上心をもって取り組んで。ステータスの高い人と過ごす、一流のものを体験する、上質なものを使うことも有効です。ラッキーアイテムは天然石。

### 六白金星

紅葉狩りや果物狩り、秋祭りに出かけ、秋を満喫しましょう。スポーツの秋にちなみ、好きなスポーツを楽しむのもおすすめです。また、有益な情報がもたらされそう。あらゆるところにアンテナを張り巡らせて。

### 三碧木星

活発な交流が期待できそう。浅いつき合いに終始せず、必要な縁を見極め、関係を築いていきましょう。また、頭が冴え渡る一方で、感情的になりやすい面があります。普段から平常心を保つよう心がけて。

# 12月

## 12/7 ～ 2024.1/5

### 七赤金星

幸運期が到来。やりたいことにチャレンジするといい成果が得られるでしょう。運気を上げるには、まわりの人に感謝を表して。食事をおごる、ギフトを贈るなど、感謝の気持ちを態度で示すのが効果的です。

### 四緑木星

今年の疲れを解消し、来年に持ち越さないようにしましょう。また、悪い生活習慣は改め、体の不調も病院に行くなど改善に努めて。大掃除は収納スペースの整理を徹底すると、新たな運や縁を招きます。

### 一白水星

イメチェンや模様替えなどで身のまわりに変化を起こし、運気を活性化させましょう。鍋料理を食べたり、スキーをしたりと、冬らしい生活を楽しむのも効果的です。冬至やクリスマスなどの行事にも積極的になって。

### 八白土星

一つひとつの言動が運をつくると考え、思いやりのある態度、品のある振る舞い、ポジティブな発言を心がけましょう。また、美容に励んだり、資格取得の勉強をしたりと、理想像を描いて自分磨きを続けて。

### 五黄土星

ベストセラー小説や尊敬する人のエッセイ、今後役立ちそうな実用書を読み、豊かな運を育んで。大掃除は雑誌やプリントなど紙類の整理に力を入れ、家中のほこりを取り、清浄な空間で新年を迎えましょう。

### 二黒土星

直感を信じて行動するとうまくいきそう。ただし、迷いがあるときは行動を控えて。また、目で見たものが運を左右します。好きなものやきれいなものを見るようにし、そうでないものは極力視界から外しましょう。

### 九紫火星

クリスマスパーティや忘年会などのイベントには積極的に参加し、おいしいものを食べ、たくさん笑い合いましょう。ただし、食事はジャンクフードを避け、旬のものや体にいいものを食べるようにして。

### 六白金星

出会い運が好調。最初から一人に絞らず、多くの人と交流し、その中から良縁を見極めましょう。出会いが少ない人は気が滞っている可能性があります。収納スペースの不用品を処分し、気の流れを促して。

### 三碧木星

お世話になった人には一年の感謝を込めて、お歳暮やクリスマスギフトを贈りましょう。また、年賀状作りや大掃除、お正月の準備は早めに終わらせて、年末はゆっくり過ごし、来年に大きな運を呼び込んで。

# 年末年始の過ごし方

2024年は、三碧木星が中宮に位置する「木」の年。「木」の気は動きが早いので、大掃除などの年越し準備は早めに進めましょう。年が明ける前に過去の自分にアクセスしておくと、新年のスタートがスムーズに。

三碧木星中宮年は、成長することが開運につながる年なので、2023年の行動を2024年の成長にどうつなげていくかがカギ。それを念頭に置きつつ、新年の行動プランを立てましょう。

年越し前に必ず実践してほしいのは、過去の自分へのアクセス。「ここが私にとってのターニングポイント」と思える時点を見つけ、当時の写真などを見ながら、そのときの自分に選ぶべき道を教えてあげましょう。これを年内に行っておくと、未来に向かう正しい道が開け、年明けからそこに向かって運を動かせるようになります。

大掃除は、紙ゴミ類の処分とパソコンやスマホ内のデータ整理を中心に。使わない文房具や昔のスマホなども、この機会に処分しましょう。

年明けは、よい言霊を発したり、心地よい音楽を聴いたりして運をよい方向に導きましょう。初詣に行き、おみくじを引いたり絵馬を奉納したりすることも開運行動です。元旦に身につける「正月下着」の準備も忘れずに。

## 年始の開運行動

### 「正月下着」は赤系カラーを。カジュアルなデザインがラッキー

元旦に身につける「正月下着」は、その年の自分の容姿のイメージになるアイテムです。ラッキーカラーは赤。星モチーフ付きなど、カジュアルなデザインのものがおすすめです。肌にふれる部分はコットン素材か、高機能な最新素材が◎。

### 初詣に行くと成長の運気が活性化。願い事は希望につながる言霊を

お正月に神社＝「火」に属する場所に出かけると、「木」の気が燃えて成長の運気が活性化するので、初詣にはぜひ行ってください。願い事は希望につながるものが◎。おみくじもぜひ引いて。今年に限っては吉が出るまで引き直してOKです。

### AIの育成にチャレンジ！「育てる」ことが運の成長に

スマートスピーカーなどに利用され、身近な存在になってきたAI。ぜひ暮らしの中に取り入れてみてください。自分や家族の好みを覚えさせる、いろいろな質問に答えさせるなど、「育てる」つもりで接するのが秘訣です。

### あいさつのあとはよい言霊を。「楽しみなこと」も口に出して

言霊が育つ年なので、「明けましておめでとう」のあとは、なるべくプラスの言霊を発するよう心がけましょう。「お正月だからいいお酒を飲もう」「新年のスペシャルドラマが楽しみ」など、自分が楽しみにしていることもどんどん言霊にして。

## 年末の開運行動

### 大掃除は早めに取りかかって。紙類、文房具、データの整理を

「木」の気は動き出すのが早いので、大掃除は早めに済ませましょう。古い雑誌やもう読まない本はこの機会に手放して。書き心地の悪いペンなど、使わない文房具も処分を。また、パソコンやスマホ内の「データゴミ」も消去しましょう。

### 2023年の行動を踏まえ、「やりたいこと」リストを作成

年始からスムーズなスタートをきるためにも、早めに前年の総括を。まず2023年の一年間、どれだけ自分が行動できたか、振り返ってみて。そのうえで、2024年は何をすれば自分が成長できるのかを考え、「やりたいこと」を書き出しましょう。

### プチタイムリープで過去の自分にアクセス

「あのとき、別の道を選んでいたら」「あの出来事がなければ」というターニングポイントは、誰にでもあるもの。年が明ける前に時を遡り、「過去の自分」に選ぶべき道を教えてあげましょう。それにより、自分が望む方向に運が動き始めます。

### 年越しは「その時」を意識して。カウントダウンで待つのも◎

年越しの瞬間は、「その時」を意識して迎えましょう。カウントダウンで年明けを待ったり、年が明けた瞬間に周囲の人と「おめでとう」と言い合ったりするのも◎。0時ジャストに音楽が流れるようにタイマーをセットしておくのもおすすめです。

# 一白水星（いっぱくすいせい）

「人より半歩先に」が運の決め手

## 全体運

### 常に「最新」の自分でいるよう心がけて。他人の言葉にそそのかされないよう注意を

運の決め手は行動の早さ。人より半歩前に出る、歩く速度を少し上げる、その意識が運気アップにつながります。周囲が動くのを待つのではなく、常に自分が先陣を切るつもりで動きましょう。ただし、その気がないのに友人や周囲の人の言葉にのせられて行動すると、あとで面倒な事態になることも。人をそそのかすような言霊をきちんと選別できるよう、言霊を「聞く」力も鍛えましょう。

いつでも最新の自分でいられるよう、トレンドのアイテムはいち早く入手して。スマホやパソコンのOSやアプリも、常に最新版にアップデートしておきましょう。「気分が上がる」ことで運も上がるので、オフの日は好きな俳優が出ている映画やドラマを観る、お気に入りの作家の小説を読むなど、自分がハッピーな気持ちになれる過ごし方を。積極的に体を動かし、代謝も上げていきましょう。

IMPORTANT POINT
### 注意点
#### 開運できる方位と行動

年間を通しての大吉方位は北東、南。吉方位は北、南東、南西。行ってみたかった場所を訪れ、やりたかったことに挑戦。少し早めの行動を心がけて。凶方位は東、西、北西。訪れる場合は自分の吉方位のミネラルウォーターを持参し、ネガティブな言霊を口にしないようにして。

## 恋愛運 SINGLE

### 「無理」と決めつけずに行動を。希望を言霊にし、運を育てて

行動が縁を招き寄せる年なので、考えるより行動を。今まで縁に恵まれなかった人も、決してあきらめないで。「無理」「ダメだ」と決めつけると成長が止まり、縁も育たなくなります。「私が幸せになれる縁にきっと出合えるはず」などと、折にふれ自分の希望を言霊にし、運を育てていきましょう。

**出会いを呼ぶスタイル**

ソルベカラーの服や小物、肌触りがよく、動きやすいデザインのアイテムをおしゃれに取り入れて。happy、luckyなど、気分が上がる言霊がモチーフのアクセサリーも○。

**おすすめアプローチ法**

「大丈夫?」「頑張って!」など労わりの言葉が距離を縮めます。共通の話題を会話のきっかけに。

## 恋愛運 COUPLE

### 会話の中にたくさんの希望を。「時」を共有するとより仲良しに

「こんな家に住みたいね」「犬を飼いたいな」など、自分たちの未来や希望につながる言霊をたくさん交わしましょう。その言霊が二人の縁を育ててくれます。

スマホアプリやクラウドでスケジュールを共有する、おそろいのスマートウォッチをつけるなど、「時」を共有すると、さらに絆が深まります。

**絆を深めるには…**

女性 スマホやスマホケースなど、モバイルアイテムをペアに。ブランドやメーカーをそろえてもOK。おいしいと評判のレストランや新しいスポット巡りも○。

男性 生活の中の役割分担を見直し、相手の負担が軽くなるようにフォローを。二人の未来をイメージして、この先どんな人生を送りたいのか話すことも大切。

## 仕事運

### 目標は何度でも言霊にして。「早め行動」が運気アップの秘訣

目標やこれからチャレンジしたいことは、身近な人に話す、手帳に書くなど、言霊に残して。言霊にする回数が多いほど、実現しやすくなります。

スケジュールや約束の時間を守ることも大切。書類は締め切り前日に出す、約束の5分前に現地に着くなど、「少し早め」が運気アップの秘訣です。

**仕事運アップには…**

女性 好きなキャラクターの、ペンやクリアファイルなどの文房具がラッキーアイテム。パソコンやスマホに外付けできる高性能のUSBスピーカーも活用。

男性 スケジュール管理アプリを活用しましょう。スマホとパソコンでデータを同期させると効果的。ビネガーを使った料理やドリンクも運気を上昇させます。

## 金運

### 「枠」をつくり、数字を把握。投資は人任せにせず自分で学んで

年間の予算を把握し、いつ、何にどれくらいのお金を使うか、ざっくりしたスケジュールを立てておきましょう。家計簿やお小遣い帳をつけたり、ネットバンクやカード決済の記録を定期的にチェックしたりして、出費を数字で把握することも大切。投資も開運行動ですが、必ず自分で情報収集し、学んでからスタートを。

**金運アップには…**

女性 きれいな音の鈴の金運守りやキーホルダーを、ポーチにつけて持ち歩くと、お金に関する運を呼び込めます。ガラス製のペンも金運アップアイテム。

男性 コットンやリネンのタオルやハンカチを携帯するとお金の流れがスムーズに。レモン味の飲み物やキャンディーも金運を刺激します。

## ビューティー運

### はつらつとした美しさを目指し、スキンケア&ボディシェイプを

はつらつとした健康的な美しさが運の決め手に。スキンケアを入念に行い、ハリと潤いのある肌を手に入れましょう。肌診断で自分の肌のコンディションを知るのもおすすめです。スポーツやサウナで代謝を上げるほか、腹筋を鍛えるなどボディシェイプにも力を入れ、健康的で美しい体づくりを。

**ビューティー運アップには…**

女性 快眠が美を育てます。着ているだけで体の疲労回復が期待できるリカバリーパジャマや寝具で、いい眠りを手に入れて。エイジングケアも効果的。

男性 さわやかなミント系の香りのボディソープやボディシートでデオドラント対策を。デイリーケアにスカルプブラシを取り入れ、髪にハリを出して。

## 健康運

### 毎朝のエクササイズを習慣に。プチ断食で成長の気を促して

ラジオ体操、ヨガ、呼吸法など、苦にならずに続けられるエクササイズを毎朝の習慣にしましょう。遊び感覚でできるダンスエクササイズやフィットネスゲームも◎。また、食事にも気を配って。プチ断食や8時間ダイエットなど、一定時間食べないことで食のリズムを整えるのも、さらなる成長につながります。

**ストレス解消法**

大自然や動物、推しの芸能人などの動画が心を癒してくれます。イライラが収まらないときは、気になっていることを紙に書き出して破り捨てましょう。

**健康運アップには…**

炭酸水やスポーツドリンクで水分補給を。定期的にエプソムソルト入浴をし、体を芯から温めて血流もよくしましょう。

# 1月

2024.1/6 ～ 2/3

直感を信じて行動するとうまくいく可能性大。考えすぎたり、迷ったりすると判断を誤るので、即断即決を心がけましょう。運気アップには、美しい景色やかわいい動物動画、スポーツ選手のスーパープレイなど、気分が上がるものを眺めて。また、冬は代謝が下がり、気の流れが滞りがちです。生姜や唐辛子を使った料理を食べたり、ストレッチをしたりして、代謝を上げるよう努力を。

**外出にいい方位** 東では新しくオープンした宿に泊まり、いい言霊で会話して。お土産にはご当地キャラクターグッズやチョコレートを。

ラッキーキーワード

**女性** アイメイクで目力アップ

**男性** 神社

# 2月

2024.2/4 ～ 3/4

普段以上に自分の可愛らしさを意識すると幸運に恵まれます。メイクや服装はもちろん、しぐさや言葉遣いにも気を配って。部屋もハート形のクッションやピンク色のファブリックなどでフェミニンな雰囲気に。あるいは、暖色系のインテリアや毛足の長いラグなどで温かみのある雰囲気にまとめるのもおすすめです。また寝具は清潔で寝心地のよいものを使い、質のよい睡眠を確保しましょう。

**外出にいい方位** 北東では伝統芸能にふれ、山の上にある宿に泊まって。南東ではバーチャル体験を楽しみ、フルーツをお土産に。

ラッキーキーワード

**女性** ピンクのアイテム

**男性** ブランド品の靴下

# 3月

2024.3/5 ～ 4/3

自分に自信がつくと運気がぐんぐん上向きに。これまでの経験や実績を顧みて、自己肯定感を高めましょう。長所や得意分野を伸ばすのも効果的です。また、新年度を前に自分の夢や目標を改めて確認し、再スタートをきることも大切です。ただし、行動に移すのは来月以降に。まずは情報収集し、しっかり計画を練って。休日はお台場や神戸などのウォーターフロントを訪れるとラッキー。

**外出にいい方位** 南では白やベージュの服を着て、神社などのパワースポットへ。お土産にはコスメやブランド小物を選んで。

ラッキーキーワード

**女性** ハンドメイドのアクセサリー

**男性** 中国茶

# 4月

2024.4/4 ～ 5/4

幸運は屋外にあふれているので、外出の機会を増やしましょう。とくにお花見や歓迎会など季節感のあるイベントに参加すると開運に。また、桜や菜の花など春らしい景色をバックに写真を撮ると新たな運を招き、大切な人と一緒に撮れば縁も深まります。普段の生活では、幅広い分野の知識を吸収するよう心がけて。多様な情報が得られるテレビやラジオ、雑誌を上手に活用しましょう。

**外出にいい方位** 旅行からもらえる運気が強まる「旅行月」。北東では今まで行ったことのない土地を訪れ、南では海を眺めて。

ラッキーキーワード

**女性** 目覚まし時計

**男性** チノパンやカーゴパンツ



**吉方位の見方** ◎：大吉方位 ★：年の吉方位 ☽：月の吉方位 ▲：効果も凶意もない方位 無印：凶方位

# 5月
2024.5/5 ～ 6/4

新しいことを始める好機。運気の上昇気流に乗って、何事もうまくいきやすくなります。ただし、気が淀んでいるとうまくいきません。家ではなるべく窓を開け、掃除と換気の行き届いた空間で過ごして。外出を増やして外気にふれることも大切です。また、人間関係が充実しているとあらゆる運気が好調になります。とくに大切な人と過ごす時間を増やし、絆をより強固なものにしましょう。

**外出にいい方位** 南ではオーシャンビューの宿に泊まって。北では予定を詰め込まず、ゆっくり滞在を楽しむスロートラベルを。

**ラッキーキーワード**

**女性** フローラル系のフレグランス

**男性** 外国製品

# 6月
2024.6/5 ～ 7/5

「発展」の気が高まり、成長を促してくれます。憧れの仕事が舞い込んだり、欲しかった人脈とつながったりするので、チャンスを逃さないように気をつけて。同時に、チャンスを待つだけでなく、自分磨きをして自ら成長させていく努力も怠らずに。運気を下げるのはむくみや凝り。ストレッチやマッサージ、入浴などで解消し、気の流れをよくしてチャンスを招き、成長を導きましょう。

**外出にいい方位** 北東では山に登り、和モダンな宿に泊まって。南西では家族旅行を楽しみ、その土地の果物を食べましょう。

**ラッキーキーワード**

**女性** 季節の花

**男性** 新品のベルト

# 7月
2024.7/6 ～ 8/6

仕事やプライベートを充実させて、毎日を生き生きと過ごしましょう。とくに人に奉仕すると運気が好調に。親孝行をする、友人の相談にのる、ボランティアや募金をするなどして、積極的に人の役に立って。また、何事にも向上心をもって取り組むことが大切です。目標や理想を掲げ、そこに近づけるよう努力を。逆に、現状維持に甘んじていると運気は下降していく一方なので気をつけて。

**外出にいい方位** 南西では着物や浴衣を着て、郷土料理や家庭料理を食べて。お土産は普段使いの食器がおすすめです。

**ラッキーキーワード**

**女性** 一粒ダイヤのネックレス

**男性** 腕時計

# 8月
2024.8/7 ～ 9/6

好きなことを楽しみ、一緒にいて楽しい人と過ごし、笑顔あふれる日々を過ごしましょう。逆に、楽しくないことや気乗りしないつき合いは控えるように。それが難しい場合は、ひとつでも楽しみを見出し、前向きな気持ちで臨んで。また、楽しみを多くの人と分かち合うと相乗効果で大きな運を生みます。コンサートやスポーツ観戦などで盛り上がり、楽しい時間を共有しましょう。

**外出にいい方位** 南ではプール付きのリゾートホテルに宿泊を。北ではご当地ソフトクリームを食べ、南東では布製品をお土産に。

**ラッキーキーワード**

**女性** ゼリー

**男性** スカルプケア

# 11月

2024.11/7 ～ 12/6

心に余裕をもって過ごし、何事も柔軟に対応するよう努めましょう。頑固になったり、無理をしたりするとうまくいかないどころか、さらなるトラブルを招くので注意。ストレスに感じる人は遠ざけ、癒しをもたらす人と過ごし、心の安定をはかることも大切です。また、「水」の気の影響を受けやすいので、水まわりは常に清潔にし、肌や髪は乾燥を防いで潤いのある状態をキープして。

**外出にいい方位** 北東では白を基調にした宿に泊まって。お土産にはバスソルトや小豆を使ったお菓子を選びましょう。

ラッキーキーワード

**女性** 淡水パールのアクセサリー

**男性** グレーのアイテム

# 12月

2024.12/7 ～ 2025.1/4

おせち料理を作ったり、年賀状を書いたりと、伝統的なスタイルの年末を過ごしましょう。冬至や大晦日などの年中行事も大事にし、来年に豊かな運を招き入れて。また、常に落ち着いて行動するように。そのためには見切り発車せず、しっかり準備してから取り組むことが大切です。運気アップには家にいる時間を充実させて。料理や編み物など好きなことをして、楽しい時間を過ごしましょう。

**外出にいい方位** 今月は吉方位がなく、方位の効果は受けられませんが、出かけるなら北へ。北では木製の雑貨をお土産に。

ラッキーキーワード

**女性** 収納グッズ

**男性** キャンバススニーカー

# 9月

2024.9/7 ～ 10/7

うまくいかないことがあるなら、思いきってやり方を変えてみて。カフェで仕事をしたり、新しい交流をはかったりと、環境を変えてみるのもおすすめです。ただし、気の流れが滞っていると変化も滞ります。掃除と換気を徹底し、清浄な空間で過ごして。とくに今月は空間の低い所と高い所に運が生じるので、照明やタンスの上、床などを念入りに掃除し、物は床置きしないようにしましょう。

**外出にいい方位** 南ではスパやエステを楽しみましょう。北では女性の神様を参拝し、南東では好きな香りを身にまとって。

ラッキーキーワード

**女性** ヘアアレンジ

**男性** 伝統工芸品

# 10月

2024.10/8 ～ 11/6

知識を広げると運の土台が豊かになり、より多くの運が取り込めます。好奇心の赴くままに新しい知識をたくさん吸収しましょう。また、ビューティー運が好調なので、ダイエットをしたり、美容に励んだりと美しさを磨いて。話題のエクササイズや人気のコスメなど、最新のものを取り入れると効果的です。休日は温泉に入って運のチャージを。一度きりでなくリピートすると、効果が高まります。

**外出にいい方位** 北東では自然豊かな場所で心と運のデトックスを。南西へは右手にバングルをつけ、ローヒールで出かけて。

ラッキーキーワード

**女性** 画集

**男性** モード系バッグ



**吉方位の見方** ◎：大吉方位　★：年の吉方位　☽：月の吉方位　▲：効果も凶意もない方位　無印：凶方位

# 二黒土星（じこくどせい）

## 環境を「動」にシフトして代謝も運もアップ

### 人間関係を「今の自分」基準でアップデート。海外ニュースをチェックし、視野を広げて

身のまわりの人間関係をアップデートしましょう。キーワードは「今」。今の自分にとって大切な人、これからも関わっていきたいと思える人とのつながりを最優先にし、価値観や話が合わなくなった昔の友人、自分の意見を押しつけてくる人との関係は、極力更新しないようにして。とりわけ、あなたの発言をことごとく否定する人、「あなたのためだから」と言いつつ、行動の芽を摘もうとする人とは、意識的に関わり合いを薄くしていきましょう。

リアルタイムの流行や情報にアンテナを張り、「今」の時流にのることも大切。国際ニュースをこまめにチェックし、海外の情勢もつかんでおきましょう。ＳＮＳなどを通して異なる世代の人と積極的に関わり、視野を広げることも忘れずに。

旅行も開運行動。実際に行く算段がつかなくてもプランを立ててみるだけで運が動き出します。

IMPORTANT POINT
**注意点**

**開運できる方位と行動**

年間を通しての大吉方位は北、北東、南、南西。新しいことや未体験のことを楽しんで。屋外で風を感じるのも○。縁をつなぎたい人に連絡する、SNSに写真を上げたりコメントしたりするのも開運行動。凶方位は東、南東、西、北西。訪れる場合は中指にリングをして出かけて。

恋愛運 SINGLE

## 全ての出会いは動くことから。ヘアメイクは「今」のスタイルに

習い事を始める、イベントに参加する、人に会う、マッチングアプリを始めるなど、どんなことでもいいので、「動く」ことから始めましょう。食べたことのないものを食べたり、初めての場所に行ってみたりするのもおすすめです。髪型やメイクもこれまでのやり方にとらわれず、「今」のスタイルにアップデートして。

**出会いを呼ぶスタイル**

シャツやカットソー、シンプルなパンツなど、定番のアイテムにこそトレンドをプラス。リゾート風の着心地のいい服、軽やかな印象のバッグや靴で出会いのチャンスを引き寄せて。

**おすすめアプローチ法**

共通の趣味に関するスポット、話題のカフェに誘ってみて。レモンライムのアロマも効果的。

恋愛運 COUPLE

## 「行きたいね」を実行に移して。何でもない日の贈り物も◎

近所にできたおしゃれカフェやネットで話題のスポットなど、二人の間で「今度行きたいね」と話し合っていた場所に行ってみましょう。ドラマの聖地巡り、食べ歩きなど、テーマを決めて出かけるのも◎。記念日ではない普通の日にスイーツを買って食べたり、プチギフトを贈り合ったりすると、絆がより深まります。

**絆を深めるには…**

女性 家にいるときの身なりに気を使って。指先ケアも忘れずに。二人の思い出の土地や、出身地の名物料理、名産品をお取り寄せするのも絆を強めます。

男性 お花見、花火大会、クリスマスなどの季節のイベントを一緒に企画して楽しんで。家事の分担も見直し、どちらかに負担が偏らないように調整して。

仕事運

## 学びが成長につながる年。業務に優先順位をつけて効率よく

仕事に関わることでもそれ以外でもいいので、自分が興味をもっていることについて調べたり学んだりしてみましょう。ずっと続けている趣味や好きなことがあれば、それを仕事に生かしたり副業にしたりするプランを考えてみるのもおすすめです。業務に取り組むときはタスクに優先順位をつけ、効率よくこなす工夫を。

**仕事運アップには…**

女性 フラワーモチーフのアクセサリーがさまざまなチャンスをつくります。ジュエリー付きがベター。機能的なスマホポシェットもラッキーアイテム。

男性 高性能のモバイルデバイスでタイパを上げましょう。OSやアプリのアップデートも早めに行って。機能性の高いビジネスバッグも活用を。

## 金運

### お金の出入りを数字で把握。節約は質より回数で調整して

家計簿をつけ、お金の出入りを明確に把握しましょう。入金があったときに記帳する、ネットバンキングで残高を確認するなどして「増えた」感覚を味わうのも◎。レジャー費や交際費を節約したいときは、質はなるべく落とさず、回数や日数を減らして豊かさを維持しましょう。

**金運アップには…**

女性 電動歯ブラシや口腔洗浄機などで歯や口内のお手入れを。食後のマウスウォッシュも忘れずに。ポイントカード類は仕切りのあるケースに収納。

男性 ハーブティー、フルーツティー、紅茶、ジャスミン茶など、いい香りのお茶が豊かな運気を生み出します。ミニ盆栽や、鉢植えの観葉植物を育てるのも○。

## ビューティー運

### 体を動かして代謝アップ。容姿を客観的に見る習慣づけを

ウォーキングやゆる筋トレなどで積極的に体を動かして代謝を上げましょう。トレーニング動画を参考にするのもおすすめです。また、鏡に全身を映して見る、自撮り写真を見返すなど、自分の容姿を客観的に見る習慣をつけて。基礎化粧品やスキンケア用品は、肌に合うかを見極めつつアップデートを。

**ビューティー運アップには…**

女性 目元、頬、唇などのパーツ別のシートマスクで、気になるところの保湿ケアを。自分の肌カラーに合った、ナチュラルな仕上がりのファンデーションも○。

男性 爽快に歩く時間が運気チャージになります。履き心地のいいウォーキングシューズで散歩を楽しんで。定期的なスカルプケアも気の巡りをサポート。

## 健康運

### サウナでむくみ予防を。ぬるめのお風呂でリラックスも◎

むくみ予防に力を入れましょう。おすすめはサウナ。血行がよくなり、リンパの流れも促進されます。「水」の気をもつウェットサウナは「木」を育て、「火」の気をもつドライサウナは「木」の気を活性化させる効果があるので、どちらのタイプでもOK。サウナが苦手なら、ぬるめのお湯でゆっくり入浴するだけでも◎。

**ストレス解消法**

温泉や温浴施設など、広いお風呂でのんびり過ごして。デトックスにはミストサウナ、ロウリュウが効果的。気分転換したいときはウィンドウショッピングを。

**健康運アップには…**

エクササイズアイテムやフィットネスゲームで、家で体を動かす習慣をつくって。日々の健康管理はスマートウォッチで。

# 1月

2024.1/6 ～ 2/3

優しい気持ちが豊かな運を育みます。いつも以上に思いやりのある言動を心がけ、奉仕活動にも積極的になって。運気が下降気味のときは、吉方位の温泉に入って運のチャージを。家でもゆっくり湯船に浸かり、水分補給をしっかり行い、「水」の気を十分に取り込みましょう。初詣は、吉方位にある山の上の神社へ。大事な決断を迫られたとき、最善の選択に導いてくれます。

**外出にいい方位** 北東では襟付きの服やアンサンブルニットで出かけましょう。食事は牛肉料理を食べ、バスソルトをお土産に。

**ラッキーキーワード**

**女性** モヘアやアンゴラのニット

**男性** 吉方位の日本酒

# 2月

2024.2/4 ～ 3/4

開拓者精神をもって新しいことにチャレンジし、新たな環境に飛び込み、自分の世界を広げていきましょう。また、歩くことで努力が実りやすくなるので、なるべく徒歩での移動を増やして。とくに自宅周辺を歩くと考えが整理され、自分の進むべき道が明らかになります。運は足元から吸収されるので、フットケアで足のむくみを取り、きれいに磨いた靴を履くようにしましょう。

**外出にいい方位** 南ではアイケアとアイメイクで目力を上げて。北では露天風呂付きの部屋に泊まり、北枕で寝ましょう。

**ラッキーキーワード**

**女性** クリーム色のアイテム

**男性** コーデュロイパンツ

# 3月

2024.3/5 ～ 4/3

時間を意識して過ごすと運気がととのいます。タイムスケジュールに沿って行動し、日中は活動して夜はリラックスするなど、1日の中でもメリハリをつけて。また、幸運は屋外に宿るので、外出の機会を増やしましょう。お花見やいちご狩りなど、季節感のある過ごし方がおすすめです。さらに、春らしい景色をバックに写真を撮ると運気アップ。大切な人と撮ると絆も深まります。

**外出にいい方位** 北では植物園を訪れ、北東では陶芸体験を。南では聖地と呼ばれる場所を訪れ、南西では家庭的な宿に泊まって。

**ラッキーキーワード**

**女性** デニムスタイル

**男性** 自転車

# 4月

2024.4/4 ～ 5/4

交流の場には積極的に参加し、多くの人とつながりましょう。出会いは第一印象が大切なので、身だしなみやおしゃれに気を配り、好感度を高めて。流行を取り入れると◎。一方、不要な関係は絶つ努力を。長く使用していないアドレスを削除するだけでも縁が整理されます。運気を上げるには、チューリップなど春の花を飾って。花留めに天然石を使うと、花がもつパワーが高まります。

**外出にいい方位** 旅行からもらえる運気が強まる「旅行月」。北では豆腐、北東では乳製品、南では天丼、南西では根菜を食べて。

**ラッキーキーワード**

**女性** ガイドブック

**男性** 天然石のアクセサリー

**吉方位の見方** ◎：大吉方位　★：年の吉方位　☽：月の吉方位　▲：効果も凶意もない方位　無印：凶方位

# 5月

2024.5/5 ～ 6/4

積極的な行動が◎。一歩踏み出せない人は、不足しがちなビタミンを補給すると勇気が湧いてきます。また、物事をポジティブに捉える習慣をつけて。口角を上げて明るい表情を心がけ、顔を上げて過ごすと自然と前向きになれます。さらに、まわりへの感謝も忘れずに。お世話になった人や親切にしてくれた人には「ありがとう」と感謝の気持ちをしっかり伝えましょう。

**外出にいい方位** 北へはエレガントな下着で出かけ、水辺の宿に泊まって。南では神社や教会などのパワースポット巡りを。

**ラッキーキーワード**

**女性** カラフルな色使い

**男性** お取り寄せグルメ

# 6月

2024.6/5 ～ 7/5

何事も向上心をもって取り組むと、思っていた以上の結果が出そう。漫然と取り組んでいてもいい結果は得られないので注意。また、尊敬する人と一緒に過ごすと多くの学びが得られ、運気も上昇します。尊敬する人が有名人なら、自伝などでその人の考え方や生き方にふれて。雨の日は運のリセットデー。入浴で汚れや疲れをしっかり落とし、たまった悪い気を洗い流しましょう。

**外出にいい方位** 南西ではフォークロア調の服で出かけましょう。北東では絵はがきを書き、ボディケアグッズをお土産に。

**ラッキーキーワード**

**女性** 名画

**男性** ドット柄のネクタイ

# 7月

2024.7/6 ～ 8/6

友人や家族と楽しい時間を共有し、豊かな運を育みましょう。夏祭りや花火大会など大勢の人でにぎわうイベントに出かけるのもおすすめです。また、おいしいものを食べて幸せな気分に浸ることも開運に。旬のものや新鮮なものを食べ、油や砂糖のとりすぎは控えて。ラッキータイムは夕暮れ。夕日を眺めたり、夕涼みをしたりとリラックスして過ごし、運のパワーチャージを。

**外出にいい方位** 南西では低層階の部屋に泊まり、いつもより早く寝ましょう。お土産には和雑貨や日用品がおすすめです。

**ラッキーキーワード**

**女性** 大ぶりのアクセサリー

**男性** お酒

# 8月

2024.8/7 ～ 9/6

「変化」の気が高まるので、身のまわりでさまざまな変化が訪れそう。変化は前向きに受け止め、自分の味方につけて。同時に、朝日を浴びたり、腸内環境を整えたりと心身をデトックスし、変化がスムーズにいくように気の流れを促すことも大切です。運気を上げるには夏を楽しんで。海水浴やキャンプ、夏祭り、花火大会、野外ライブなど、夏のレジャーを満喫し、豊かな運を育みましょう。

**外出にいい方位** 北ではゼリーなどのプルプル食感のスイーツを食べて。南ではミュールやサンダルで出かけましょう。

**ラッキーキーワード**

**女性** 新しい服

**男性** トートバッグ

# 9月

2024.9/7 〜 10/7

人気運が上昇し、にぎやかな交流が楽しめそう。誠実な態度と謙虚な姿勢を心がけ、好調な運をキープして。また、欲しかったものが手に入るチャンス。ただし、恋人が欲しいなら出会いの場に出かけるなど、自ら行動することが大切です。一方、「火」の気の影響で感情的になりやすい面も。白いタオルやリネン製品を取り入れて気を鎮め、心と運の安定をはかりましょう。

**外出にいい方位** 北東へは新しい下着で出かけ、高層階に泊まって。南西ではピクニックやバーベキューを楽しみましょう。

**ラッキーキーワード**

**女性** 蝶モチーフのアクセサリー
**男性** 揚げ物

# 10月

2024.10/8 〜 11/6

理想の像に近づける努力をしましょう。なりたいイメージに合った下着を身につけると自然と理想に近づけます。運気を下げるのは不規則な生活。とくに夜更かしなどで睡眠のリズムが乱れると運気も乱れてくるので要注意。旅行に行くなら余裕のあるスケジュールを組んで。観光スポットをあくせく巡るより、ひとつの場所でゆっくり過ごす方が充実し、運気もアップします。

**外出にいい方位** 北東へはボタンやポケットに特徴のある服で出かけて。南西では果物狩りを楽しみ、お茶をお土産に。

**ラッキーキーワード**

**女性** 入浴剤
**男性** 天然水

# 11月

2024.11/7 〜 12/6

何事も具体的な目標をもって進めましょう。目標は心に思うだけでなく、紙に書いたり、人に話したりすると達成に近づけます。開運行動は歩くこと。散歩やジョギングを日課にし、なるべく徒歩で移動して。とくに自宅周辺を歩くと自分を見つめ直すことができ、目標や進路が定まります。気持ちが落ち着かないときは、ごぼうやれんこんなどの根菜を食べ、「土」の気を吸収して。

**外出にいい方位** 南では記念日に旅行を。シャンパンで乾杯し、シーフード料理を食べて。北では歓楽街へ遊びに行きましょう。

**ラッキーキーワード**

**女性** マドラスチェックのシャツ
**男性** グリーンのアイテム

# 12月

2024.12/7 〜 2025.1/4

フットワークを軽くすると運気の流れがスムーズに。寒いからといっておっくうがらずにテキパキと行動しましょう。そのためには即断即決を心がけることが大切です。日頃から自分の考えを明確にし、目標をもって過ごすと素早く的確に判断できます。大掃除では、雑誌や書類など不要な紙類を処分。家中のほこりや汚れを取り除いて清浄な空間に整え、来年に幸運を招き入れて。

**外出にいい方位** 北ではヴィラや離れに泊まり、北東では非日常体験を楽しんで。南西では温泉などでゆっくり過ごしましょう。

**ラッキーキーワード**

**女性** カレンダー
**男性** 流行のヘアスタイル



**吉方位の見方** ◎：大吉方位　★：年の吉方位　☽：月の吉方位　▲：効果も凶意もない方位　無印：凶方位

# 三碧木星（さんぺきもくせい）

## 好奇心の赴くまま、やりたいことにチャレンジ

### 「やってみたい」ことは即実行！音楽や言霊に関連する習い事もラッキー

好奇心やワクワクする気持ちを大切にし、「やってみたい」「面白そう」と感じたことは、即行動に移しましょう。今はデジタルツールの発達によって、昔なら難しかったことにも気軽にチャレンジできる環境が整っています。「スキルや経験がないから無理」とあきらめていたことも、ぜひ再トライしてみて。

楽器やコーラス、朗読、語学など、音楽や言霊に関わる習い事も◎。スキルアップを目指すというより楽しみのひとつとして取り入れるのが開運の秘訣です。絵本の読み聞かせや朗読などのボランティア活動に参加してみるのもおすすめ。

SNSなどを通じて人間関係を広げるのも開運行動。ただし、匿名では絆が深まりにくいので、自分をイメージした画像やイラストをアイコンにする、オフ会に参加するなど、どこかで「自分」を見せる機会をつくるようにしましょう。

IMPORTANT POINT
**注意点**

**開運できる方位と行動**

年間を通しての大吉方位は南西。吉方位は北、北東、南東、南。好奇心や冒険心がチャンスを引き寄せます。視野を広げていろいろなことに興味をもち、ピンときたことは行動に移して。凶方位は東、西、北西。訪れる場合、人の悪口や噂話を言うのはもちろん、聞くのもできるだけ避けましょう。

恋愛運 SINGLE

## 行動からチャンスが芽生える年。「まず会ってみる」からスタート

チャンスは行動することから芽生えるもの。今の環境に出会いがないなら、マッチングアプリに登録するなど、今すぐ「出会うための行動」を起こしましょう。また、慎重になりすぎるとせっかくのチャンスを逃してしまうことも。あまり理想を高くしすぎず、「よさそうな人なら会ってみる」くらいの姿勢で臨みましょう。

**出会いを呼ぶスタイル**

スポーツブランドとファッションブランドのコラボアイテムなど、トレンド感のあるスポーティカジュアルが縁の気を活性化。フェイクレザーなど話題の素材を用いた服も取り入れて。

**おすすめアプローチ法**

聞き上手になって。デートに誘うなら、ゲーム感覚でできるスポーツ体験やスポーツ観戦が○。

恋愛運 COUPLE

## 未来への希望を語り合い、エンタメや旅行を一緒に楽しんで

言霊が育ちやすい年なので、会話を大切に。二人の将来や目指すライフスタイルについての夢や希望を語り合い、その未来に向かって運を育てていきましょう。一緒に映画を観る、ゲームをする、旅行に行く、おいしいものを食べに行くなど、楽しみごとを共有するのも◎。一緒に楽しむことで親密度がさらにアップします。

**絆を深めるには…**

女性 これから一緒にやりたいことや行ってみたい場所、住みたい場所など、二人の未来について話をして。部屋の照明を優しい暖色系に変えるのも効果的。

男性 写真映えする最新スポットで一緒に写真を撮り、目につく所に飾って。テレビやPCのスピーカーをグレードアップし、よい音を聴くのも○。

仕事運

## 社会性を意識して「木」を強化。仕事は得意なことから手をつけて

自分の担当する仕事が、業務全体のどの部分にあたるのか、また、そのプロジェクトや業務が社会の動きとどう関わっているのかを意識して働きましょう。社会性を意識することで「木」の気が強まります。仕事に着手するときは、得意なことから始めましょう。波に乗ってから取りかかれば、苦手な仕事もスムーズに。

**仕事運アップには…**

女性 ペンや付箋、メモ帳など、よく使うステーショナリーに星モチーフを取り入れて。今の仕事に関連したビジネス書を読むのも運の後押しになります。

男性 スマートウォッチやスマートリングなど、ウェアラブル端末を使いこなして。地域限定や期間限定などの、限定タンブラーも運気を安定させます。

## 金運

### 年間のマネープランを立てて。少額投資で「増えた」実績づくり

家計簿をつける、年間の買い物計画を立てるなどして、お金の流れを把握しましょう。スマホの料金プランや割引オプションも定期的に見直し、必要に応じてアップデートを。ワンコイン投資やポイント投資にチャレンジするのも◎。たとえ10円でも「増えた」という実績を得られれば、それがあなたの運に刻まれます。

**金運アップには…**

女性 ギンガムチェックのランチョンマットを敷いて食事を。でも、敷きっぱなしはNG。うさぎモチーフのポーチやチャームで、新しいお金の流れをつくって。

男性 木製やクラフト製のコースターがいいお金の流れをつくります。髪のダメージは金運にマイナスなので、オーガニックのヘアケア剤でお手入れを。

## ビューティー運

### 自分に似合う装いを見つけ、美しい話し方を身につけて

今の自分に似合うファッション、メイク、ヘアスタイルを探しましょう。コスメカウンターで相談するほか、パーソナルスタイリングサービスを利用するのもおすすめです。肌のくすみやしわ対策も忘れずに。また、「木」の年は、話し方も容姿のイメージに影響します。常に人から見られる姿を意識し、美しく話す努力を。

**ビューティー運アップには…**

女性 レモンフレーバーのミネラルウォーターが輝きを与えてくれます。つややかな髪も運気アップのポイント。ドライヤーは高性能のものを使って。

男性 ミントの香りの入浴剤、スクラブクリームが全身の気をクリアに保ちます。デイリーケアに取り入れて。大豆たんぱく食品も美を鍛えるサポートに。

## 健康運

### 腹筋と背筋を鍛え、おなかと手足を温める工夫を

ダンスエクササイズなど気軽にできる運動を取り入れ、腹筋、背筋を鍛えましょう。立ったり座ったりするときに、常によい姿勢を意識することも大切です。食生活では、食物繊維やミネラルを多くとって。また、冷えは運の大敵。冷たい飲み物は控えて白湯を飲むなどしておなかを温め、手足も冷やさないようにして。

**ストレス解消法**

対戦型のスポーツやゲーム、スポーツ観戦、歌を歌う、おしゃべりで気分転換を。やってみたかったことへの挑戦は、気の流れを変えるきっかけに。

**健康運アップには…**

定期的に発芽玄米を食べると健やかな運気を体の中に取り込めます。薄くて暖かい機能性インナーで冷え防止を。

# 1月

2024.1/6 ～ 2/3

落ち着いて行動するとうまくいきます。心が乱れるときは収納スペースの整理を。不用品を処分し、必要なものを整理整頓すると心が整い、新たな運も入りやすくなります。運気アップにはティータイムの充実を。おいしいお茶とお菓子を味わい、おしゃべりや音楽を楽しんで。また、歩くことで努力の成果が表れます。徒歩での移動を増やし、散歩やウォーキングを日課にしましょう。

**外出にいい方位** 北では絶景が楽しめる宿に泊まり、東ではトレンドスポットを訪れて。南ではガラス製品をお土産に。

**ラッキーキーワード**

**女性** 着物や品のいいワンピース

**男性** 郷土料理

# 2月

2024.2/4 ～ 3/4

アクティブに過ごすと、運気が活性化されます。寒いからといって家にこもらず、なるべく外に出かけて。そして、初めて訪れる場所、初めて食べる料理、初めて会う人など、たくさんの「初めて」を体験し、運に刺激を与えましょう。同時に、日頃からさまざまなところにアンテナを張り、有益な情報をキャッチするよう努めて。とくに最新情報やトレンドに強くなることが大切です。

**外出にいい方位** 北ではヘアアクセサリーをお土産に。南東ではうどんやフォーなどの麺類を、南では辛い料理を食べて。

**ラッキーキーワード**

**女性** ベージュ色のアイテム

**男性** ギンガムチェックのシャツ

# 3月

2024.3/5 ～ 4/3

新しい出会いを楽しみ、多くの人と交流しましょう。出会いが少ない人は、形だけのつき合いや不毛な関係は絶つなど縁の整理を行って。出会いの場では、さわやかな雰囲気で良縁を呼び込み、手鏡を携帯して悪縁除けを。また、香りが運に影響を与えやすいので、出会いが欲しい人は柑橘系の香りを漂わせて。生活臭が漂うと良縁が遠ざかるので、掃除や換気で取り除くことも大切です。

**外出にいい方位** 南西へはストレッチパンツやガウチョパンツで出かけましょう。北では淡水パールのアクセサリーを身につけて。

**ラッキーキーワード**

**女性** ブローチ

**男性** メール

# 4月

2024.4/4 ～ 5/4

ひとつの考えや方法にとらわれず、多様な視点をもち、柔軟に対応しましょう。あえて今までと異なる考えや方法を取り入れてみるのもおすすめです。願い事はかないやすい運気です。未来手帳に願いがかなう過程を具体的に書き記し、実現に近づけて。旅行に行くなら、春の息吹を感じる自然豊かな場所へ。山や森林、自然公園や植物園などを訪れ、豊かな運を育みましょう。

**外出にいい方位** 旅行からもらえる運気が強まる「旅行月」。南西では庭園のある宿や古民家を改築した宿に泊まりましょう。

**ラッキーキーワード**

**女性** 大皿料理

**男性** 水晶のアクセサリー

**吉方位の見方** ◎：大吉方位 ★：年の吉方位 ）：月の吉方位 ▲：効果も凶意もない方位 無印：凶方位

# 7月
2024.7/6 ～ 8/6

「変化」の気が高まるので、変えたいと思うことがあれば行動に移すとスムーズに進みそう。また、髪型を変える、駅までのルートを変えるなど、ささやかなことでいいので変化を起こすと運気が活性化され、新たな運や縁がもたらされます。ただし、悪い気がたまっていると変化が滞るので注意。むくみや凝りは解消に努め、心身の疲れは放置せずにその都度取り除きましょう。

**外出にいい方位** 今月は吉方位がなく、方位の効果は受けられませんが、出かけるなら南東へ。南東では風通しのいい服を着て。

**ラッキーキーワード**

**女性** ウェッジソールサンダル

**男性** カレー

# 8月
2024.8/7 ～ 9/6

直感を信じて行動するといい方向に進みます。目や耳からの情報で直感が得られるので、アイケアで目の健康を保ち、イヤホンなどで耳をふさがないよう心がけて。美しい海を眺めたり、虫の声に耳を澄ませたりして、目と耳をリラックスさせることも大切です。休日は、温泉にゆっくり入って運のチャージを。近い場所にある温泉を選び、リピートして効果を高めましょう。

**外出にいい方位** 今月は吉方位がなく、方位の効果は受けられませんが、出かけるなら南東へ。南東ではアロマグッズをお土産に。

**ラッキーキーワード**

**女性** 日傘

**男性** サングラス

# 5月
2024.5/5 ～ 6/4

ワンランク上の自分を目指し、自分磨きに励みましょう。とくに長所や得意なことを伸ばすと自分に自信がつき、運気も上昇します。ただし、無理をしたり焦ったりするのは禁物。楽しみながらマイペースに取り組むよう心がけて。焦りを感じるときは冷水を飲んで深呼吸を。休日は美術館や博物館など知的好奇心を満たすスポットへ。クラシックコンサートに出かけるのもおすすめです。

**外出にいい方位** 今月は吉方位がなく、方位の効果は受けられませんが、出かけるなら北か南へ。北では川魚、南では点心を食べて。

**ラッキーキーワード**

**女性** 襟付きの服

**男性** お守り

# 6月
2024.6/5 ～ 7/5

友達と旅行をしたり、大勢でにぎわうイベントに参加したりと、人と楽しみを共有して大きな運を育みましょう。その際は、「楽しいね」「よかったね」などポジティブな発言を心がけ、運気を高めて。逆に、愚痴や悪口は運気を下げ、関係も悪くなるので注意。また、普段から名水と呼ばれる国産のミネラルウォーターを飲んで気の流れを促し、チャンスやツキを呼び込んで。

**外出にいい方位** 南西ではルームウエアをお土産に。北東では天然酵母のパンを、南東ではハーブを使った料理を食べて。

**ラッキーキーワード**

**女性** キッチン雑貨

**男性** 有名ブランドのレイングッズ

# 11月

2024.11/7 〜 12/6

自分を高めていく姿勢が運気を引き上げます。勉強をする、美しさを磨く、新しいことにチャレンジするなどしてレベルアップに励みましょう。とくに体を鍛えたり、スポーツの腕を磨いたりすると気の流れがよくなり、幸運体質が育まれます。いずれにしても、ひとつのことを究めるというより、全てにおいてワンランク上を目指し、全体的な運の底上げをはかって。

**外出にいい方位** 南西ではクッキーをお土産に。北ではロングネックレス、南ではクロスモチーフのアクセサリーを身につけて。

**ラッキーキーワード**

**女性** スポーツブランドの服や小物

**男性** 赤色のアイテム

# 12月

2024.12/7 〜 2025.1/4

多くの出会いに恵まれそう。交流を通して必要な縁を見極め、関係を築きましょう。とくに尊敬する人や共に切磋琢磨できる人と交流すると自身の成長につながり、運気も豊かになります。一方、出会いが少ない人は気が滞っている可能性があります。タンスやクローゼットの中の服を整理し、不用なものは処分を。買い足すならパステルピンクやペールオレンジのものがおすすめです。

**外出にいい方位** 南西では老舗の温泉旅館に宿泊を。北ではしっかり睡眠をとり、食事では見た目が美しい料理を食べて。

**ラッキーキーワード**

**女性** そば

**男性** 外国製品の香水や小物

# 9月

2024.9/7 〜 10/7

心の豊かさが運気を高めます。優しい気持ちが幸運を招くので、親切な行動や思いやりのある発言を心がけて。また、時間に余裕をもって過ごすことも大切です。とくに食事の時間は十分にとり、料理を味わうゆとりをもって。ラッキータイムは夜。本を読んだり、音楽を聴いたりしてリラックスした時間を過ごし、残業や夜更かしなど疲れることは控えましょう。

**外出にいい方位** 南西では史跡を訪れ、食事は丼物や煮込み料理を食べましょう。北東では山の上にある宿に泊まり、空を眺めて。

**ラッキーキーワード**

**女性** トリートメント剤

**男性** 黒のカットソー

# 10月

2024.10/8 〜 11/6

住空間を快適に整え、幸運を呼び込みましょう。一足早く大掃除をしたり、模様替えをしたりして、理想的な空間に近づけて。家の修理や家具の新調など、以前から気になっていたことに取り組むのもおすすめです。また、家族と過ごすと運気が豊かに。一緒に思い出の場所を巡ったり、アルバムを見返したりと絆を深めて。吉方位に家族旅行をするのも運気アップにつながります。

**外出にいい方位** 南では新鮮な海鮮料理が自慢の宿に泊まって。岩盤浴やサウナでデトックスし、陽の光を浴びてパワーチャージを。

**ラッキーキーワード**

**女性** チェック柄のランチョンマット

**男性** アクセサリーを右手につけて

**吉方位の見方** ◎：大吉方位 ★：年の吉方位 ☽：月の吉方位 ▲：効果も凶意もない方位 無印：凶方位

# 四緑木星（しろくもくせい）

「なりたい」を目指し、ひとつ上の自分に

## 理想の自分をイメージし、そこに近づくための一歩を踏み出して

「こんな人になりたい」「こんな暮らしをしたい」という理想像を思い描き、その理想に近づくには何をすればいいか考えましょう。そして、思いついたことからすぐ行動に移して。結果はどうあれ、動くことが理想の自分への第一歩です。

得意なことやスキルがあるなら、それを磨くのもひとつの手。人に誇れる何かを身につけることで、今よりひとつ上のステージに上がれます。

上質なものに数多くふれることも大切です。美術館やハイブランドのショップなどに積極的に足を運び、一流のものを見て、審美眼を養いましょう。

また、自分だけでなく、誰かの幸せのために行動すると、それが運となって返ってきます。乗り物で年長者に席を譲る、道に迷っている人を案内するなど、小さな親切を当たり前のこととして実践できる人になりましょう。

IMPORTANT POINT
**注意点**

**開運できる方位と行動**

年間を通しての大吉方位は南西。吉方位は北、北東、南。"一流""本物""上質"なものにふれて、感性を磨きましょう。ジュエリーを身につけて出かけるのも◯。上品な言動、礼儀やマナーを意識して過ごして。凶方位は東、南東、西、北西。訪れる場合はミントのアロマを身にまとって。

恋愛運 SINGLE

## だらしない話し方はNG! 髪型やメイクにも気を配って

品のある振る舞いを心がけましょう。とくに話し方に気を配って。語尾をだらしなく伸ばしたり、乱暴な言葉遣いをしたりすると、それだけで品のない印象を与えます。髪型やメイクもだらしなく見えないよう、気配りを。実生活で出会いがない人は、マッチングアプリなど、別の方法を開拓しましょう。

### 出会いを呼ぶスタイル

ワンピースやジャケットなどのきちんと感のあるアイテムを、カジュアルに着こなすスタイルがおすすめ。モダンなデザインのパールアクセサリーも良縁を呼び込んでくれます。

### おすすめアプローチ法

共通の友人も誘い、何人かでレジャーを楽しんで。話しかけるときは、美しい言葉で丁寧に。

恋愛運 COUPLE

## 暮らしやインテリアのアップグレードに向けてプランを

模様替えや引っ越しなど、自分たちの生活をアップグレードするためのプランを話し合い、資料を取り寄せる、下見に行くなど、できることから行動に移しましょう。お互いの誕生日、結婚記念日など、節目の日には、おしゃれをしてちょっといいレストランで外食するなど、思い出になるような贅沢体験を。

### 絆を深めるには…

女性 二人の思い出の写真や小物を、リビングなど一緒に過ごす空間に飾って。パートナーの長所を言葉にして伝えると、心がつながりやすくなります。

男性 いつもとは違うお出かけコース、レジャープランを考えて提案しましょう。結婚記念日、誕生日など、二人にとって大切な日にはプチサプライズを。

仕事運

## 短期〜長期の達成目標を立てて。プラスになる人脈の発掘も◎

一年後、三年後、五年後……と、この先を見据えた目標やキャリアプランを立て、それに沿って仕事に取り組みましょう。目標達成のために知識や資格などが必要なら、今から少しずつ勉強を。自分の人間関係を振り返り、仕事上でプラスになりそうな人脈を発掘しておくのも、今後の仕事に役立ちます。

### 仕事運アップには…

女性 有名ブランドのアクセサリーが、ステータスに関する運気をアップ。おしゃれなスマホカバー、機能的なスマホスタンドやスマホリングも活用して。

男性 上質素材のシャツスタイルが上昇の運気を引き寄せます。とくに重要な予定のある日に身につけて。多機能のワイヤレスイヤホンも◯。

## 金運

### グレードや気分が上がるものにお金を使うと運気もアップ

「安いから買う」はNG。どんなに小さなものでも、自分のグレードを上げてくれるなら買う、そうでないなら買わないようにしましょう。気分が上がるもの、時短や効率化につながるものにお金を使うのも◎。パジャマをシルク製にするなど、眠る環境をグレードアップするのも金運アップに効果大。

**金運アップには…**

女性 ブランドロゴの入った財布が豊かな金運を引き寄せます。アロマライトを灯して、いい香りと優しい光を同時に吸収するのも運気の底上げに。

男性 ポイ活しやすいなど、自分のライフスタイルに合ったクレジットカードを探して。ブレスサプリ、ホワイトニング歯磨き粉には金運をクリアにする効果が。

## ビューティー運

### 疲れやストレスは運の大敵。リラックスタイムで発散を

心の状態が見た目の美しさに反映される年なので、疲れやストレスをためないこと。忙しくても、音楽を聴きながらソファーでくつろぐ、入浴剤を入れたお風呂にゆっくり入るなど、リラックスできる時間をつくって心を休めましょう。買い物のついでにウォーキングをするなど、体を動かすことも大切です。

**ビューティー運アップには…**

女性 その日の気分やTPOでフレグランスを使い分けると、オーラが輝きます。マイクロバブル機能がついた高機能シャワーヘッドもおすすめ。

男性 スッキリとした目元が魅力をアップ。一日の終わりには、ホットアイピローやアイマスクでケアを。肌の状態に合ったスキンケアアイテムも試して。

## 健康運

### むくみをなくして運をスムーズに。甘い香りを吸収するのも効果的

手足がむくむと運の循環も滞りやすくなります。リンパマッサージや入浴、適度な運動でむくみ解消を。食べるものにも気を配り、血液がサラサラになるような食品を積極的にとりましょう。フローラル系や甘いフルーツ系の香りを身にまとったり、空間に漂わせたりするのも効果的です。

**ストレス解消法**

一流のアートやパフォーマンスからパワーをもらって。知らない街のぶらぶら歩き、憧れのレストランで食事、ウキウキするスポットもリフレッシュに。

**健康運アップには…**

マッサージローラーで、定期的に顔や体にたまった悪い気を流しましょう。運気全体を活性化させる炭酸入浴剤も○。

## 1月
2024.1/6 ～ 2/3

新年を機に、新しいことにチャレンジを。今なら運の上昇気流に乗ってうまくいく可能性大。願い事は、口に出すとかないやすくなります。人に秘密にしたい場合は、鏡の中の自分に向かって話すか、初詣のときに絵馬に書いて。お正月は、かるたや百人一首などの頭を使う遊びを楽しむと運気アップ。おせち料理は黒豆から食べて、「はじまり」の気を高めましょう。

**外出にいい方位** 北では水辺を散策し、現地の水を飲んで。北東では地元野菜を、南では塩やスパイス類をお土産に。

**ラッキーキーワード**
**女性** Pコート
**男性** 朝日

## 2月
2024.2/4 ～ 3/4

人間関係が充実するとあらゆる運が好調になります。尊敬する人や共に切磋琢磨できる人など、自分によい影響を与えてくれる人と関係を築きましょう。交流の際は、ポジティブな言霊を心がけて。悪口や愚痴などネガティブな言霊は、相手との関係を悪くし、運も落としてしまうので注意。また、SNSを通じて良縁が舞い込みそう。上手に活用し、欲しい縁とつながって。

**外出にいい方位** 北では秘湯がある宿に泊まり、小銭入れをお土産に。南ではウェルネストラベルで心身のリフレッシュを。

**ラッキーキーワード**
**女性** パステルピンクのアイテム
**男性** ざっくりニット

## 3月
2024.3/5 ～ 4/3

自分自身をリニューアルするべく、悪いところは直し、よいところは伸ばしていって。運気が活性化され、新たな運や縁がもたらされます。ただし、不要なものがたまっていると気が滞り、うまく再生できません。いらないものは処分し、悪い習慣は改め、悪縁と思われる人間関係は絶つよう努めて。運気の低下を感じたら、にぎやかな場所を訪れ、運をチャージしましょう。

**外出にいい方位** 南西ではアウトドアを楽しみ、箸や箸置きをお土産に。北ではアメニティが充実している宿に泊まって。

**ラッキーキーワード**
**女性** 流行色のシンプルニット
**男性** 家族写真

## 4月
2024.4/4 ～ 5/4

向学心が高まるので、読書の機会を増やして教養を深めましょう。とくに歴史や経済、哲学など専門分野の知識を増やすと運の土台が豊かになり、より多くの運がもたらされます。また、普段の生活では季節感を意識して。春野菜を食べる、お花見をする、春服を楽しむなどして春を満喫しましょう。ラッキーアイテムは天然石。部屋に飾ったり、身につけたりして石のパワーを吸収して。

**外出にいい方位** 旅行からもらえる運気が強まる「旅行月」。南西へはスクエアネックの服やスクエアトウの靴で出かけましょう。

**ラッキーキーワード**
**女性** 史跡
**男性** トラッドスタイル



**吉方位の見方** ◎：大吉方位　★：年の吉方位　☽：月の吉方位　▲：効果も凶意もない方位　無印：凶方位

## 5月
2024.5/5 ～ 6/4

毎日の生活を楽しむよう意識して。新しい入浴剤を試す、話題のテレビドラマを観るなど、ささやかなことでいいので、たくさんの楽しみをつくることが大切です。とくに食事を楽しむと運気が豊かに。おいしさはもちろん、一緒に食べる人、食卓の雰囲気にもこだわり、満たされた時間を過ごして。住空間の掃除は水まわりを念入りに。汚れと臭いを取り除き、清浄な状態を保ちましょう。

**外出にいい方位** 今月は吉方位がなく、方位の効果は受けられませんが、出かけるなら北か南へ。北では刺身、南では天ぷらを食べて。

**ラッキーキーワード**

**女性** ラウンドトウの靴

**男性** コメディ映画

## 6月
2024.6/5 ～ 7/5

さまざまな変化が訪れそう。自分の考えや目標を明確にしておくと、慌てず的確に対応できます。変化が少ない人は気が停滞している可能性があります。非日常の空間に身を置く、新しいことに挑戦するなどして、気の流れを促して。住空間を清浄に保つことも大切です。とくに気の通り道である廊下や階段、玄関は入念に掃除を。家具の配置換えで自ら変化を起こすのも効果的です。

**外出にいい方位** 今月は吉方位がありません。遠出はせず、35km圏内で散策するようにしてください。

**ラッキーキーワード**

**女性** ヘルスメーター

**男性** きちんとアイロンがけしたシャツ

## 7月
2024.7/6 ～ 8/6

美しさを磨くチャンス。話題の美容法や新発売のコスメなど、最新のものを取り入れると効果大。ストイックにならず、楽しみながら行いましょう。運気の低下を感じたら、悪い気がたまっているサイン。腸内環境を整えるなどしてデトックスを行い、夜更かしなどの悪い習慣は改め、悪縁を絶つよう努めて。休日は海へ出かけ、海水にふれて悪い気を浄化し、新しい運を招きましょう。

**外出にいい方位** 南西では高級ホテルにお得なプランで宿泊し、低い山に登って。車を使っても可。直売所で果物を買うのもおすすめです。

**ラッキーキーワード**

**女性** ビーズアクセサリー

**男性** 焼き肉

## 8月
2024.8/7 ～ 9/6

なりたい理想像を目指しましょう。まずは下着から理想のイメージに近づけると効果的です。運気を下げるのは乾燥や冷え。夏は冷房が原因となることが多いので、使い方に気をつけて。旅行に行くなら高原などの避暑地へ。ただし、時間に追われるような過ごし方はNG。ホテルの施設やサービスを楽しんだり、森を散策したりと、のんびり過ごして心身を休め、運を充電しましょう。

**外出にいい方位** 今月は吉方位がありません。遠出はせず、35km圏内で散策するようにしてください。

**ラッキーキーワード**

**女性** シフォンブラウス

**男性** 肌触りのいいタオル

# 11月

2024.11/7 ～ 12/6

幅広い交流を楽しみ、豊かな運を育みましょう。とくに今まで縁のなかったタイプや敬遠してきたタイプの人と交流するのが効果的です。出会いが欲しい人は、新しいことを体験して運を刺激し、新たな縁を呼び込んで。また、柑橘系やフローラルの香りを漂わせると出会いの運気が高まります。逆に不快な臭いは良縁を遠ざけるので、掃除と換気に力を入れ、消臭対策を徹底しましょう。

**外出にいい方位** 南西ではお好み焼きなどの粉ものを食べましょう。北では水辺に出かけ、南では同じ場所を2度訪れて。

**ラッキーキーワード**

**女性** ルーズなまとめ髪

**男性** オレンジ色のアイテム

# 12月

2024.12/7 ～ 2025.1/4

仕切り直しをする好機。目標を立て直す、仲直りをする、仕事のやり方を改めるなど、やり直したいことは実行に移し、新年に向けて再生しましょう。運気アップにはイベントやテーマパークなど多くの人でにぎわう場所を訪れて。楽しい雰囲気を共有することで大きな運が育ちます。また、大掃除や年賀状作りなどは早めに済ませ、年末はゆったり過ごして豊かな運を招きましょう。

**外出にいい方位** 南西では靴下のおしゃれにこだわり、味噌を使った料理を食べて。北では地酒やスキンケアグッズをお土産に。

**ラッキーキーワード**

**女性** 温泉

**男性** プレゼントされた服や小物

# 9月

2024.9/7 ～ 10/7

今の自分を肯定し、まわりに感謝することで「実り」の気が高まり、豊かな運がもたらされます。そのためには日頃から何事も前向きに捉えることが大切です。また、心身を健康に保ち、幸運体質を育んで。体によい食事と適度な運動、良質な睡眠を心がけ、体の不調は放置せず改善を。休日は、陶芸や野菜栽培などゼロからものをつくる体験を楽しみ、運を生み出しましょう。

**外出にいい方位** 北へは家族や親友、恋人など気心の知れた人と出かけ、水辺の宿に泊まって。とくに川沿いがおすすめです。

**ラッキーキーワード**

**女性** 料理関連の実用書

**男性** 新品の刺繍入り靴下

# 10月

2024.10/8 ～ 11/6

目標に向かう姿勢が運気を引き上げます。何事も目標を立て、達成に向かって努力しましょう。言霊の力が強まるので、目標は口に出して実現に近づけて。同時に、発言は慎重にし、軽はずみな約束をしたり、余計なことを言ったりしないように注意を。今月は音楽や映像から運をチャージできます。好きな曲を聴いたり、話題の映画を観たりして、運気を上げましょう。

**外出にいい方位** 南西では陶芸体験をするか陶器を購入しましょう。北東では高い所から朝日を眺め、南ではアートにふれて。

**ラッキーキーワード**

**女性** パソコン

**男性** 星モチーフの小物

**吉方位の見方** ◎：大吉方位　★：年の吉方位　☽：月の吉方位　▲：効果も凶意もない方位　無印：凶方位

# 五黄土星

学びや行動を通して豊かさを手中に

## 「やり遂げた」満足感を言霊にして。楽しく意義のあるイベントを企画するのも◎

小さなことでもいいので、目標ややるべきことを決めて、それをクリアしていきましょう。目標を達成したときの「できた！」「やり遂げた」という満足感や充実感が開運につながります。「今日は○○ができた」などと、そのときの気持ちを言霊にするとさらに運気アップ。

旅行やランチ会など、楽しいイベントを企画するのも◎。「○○についてとことん語り合おう」「ひな祭りだからちらし寿司を食べに行こう」など、何らかの意義が感じられるようなイベントにすると、より充実感が深まります。完全予約販売のスイーツなど、なかなか手に入らないおいしいものをお取り寄せして、それを食べる会を開くのもおすすめです。

また、嫌なことがあったり落ち込んだりしたら、なるべく早く気持ちを切り替えて。気分を上げるためにどれだけ早く行動できるかが運の決め手になります。

IMPORTANT POINT
### 注意点
開運できる方位と行動

年間を通しての大吉方位は北、北東、南東、南、南西。「おいしい」「楽しい」「うれしい」と思うほど運気が盛り上がります。いつか行きたいと思っていた場所も訪れて。凶方位は東、西、北西。訪れる場合は、白い下着を身につけて出かけ、周りの人に飲み物や食事などをごちそうしましょう。

恋愛運 SINGLE

## イベントや会話を一緒に楽しんで。同窓会や運動系の習い事も◎

楽しみごとから縁が発展する年。気になる人がいるなら、飲み会やイベントに誘う、話しているときに楽しい話題を提供するなどして、一緒に楽しみましょう。新たな出会いが欲しい人は、同窓会に顔を出すなど、時を遡ってみて。スポーツや武道、楽器など、動きや音に関する習い事もラッキーです。

### 出会いを呼ぶスタイル

ふんわりしたシルエットのファッションが楽しい縁を引き寄せます。ラウンドトウの靴、丸みのあるバッグも取り入れて。シルクやサテンなど、光沢のある生地のアイテムも○。

### おすすめアプローチ法

楽しい話で相手を笑顔にしましょう。おいしい食べ物、自分がハマっていることを話題に。

恋愛運 COUPLE

## 憧れの場所や店に足を運び、目を見て話す時間を大切に

二人で過ごす時間を充実させましょう。とくに「一緒に笑う」時間を大切に。忙しくてなかなか会えないなら、短時間でもテレビ電話などで会話を。互いに目を見て話すことが充実につながります。「いつか行ってみたいね」「そのうち食べに行こう」などと話題にしていたお店や憧れの場所に、実際に行ってみるのも◎。

### 絆を深めるには…

女性 レモンやトマトなど実のなる植物を育て、収穫して二人で食べて。川や渓谷、湖、噴水など、きれいな水が流れる場所を一緒に訪れるのも開運行動。

男性 朝のティータイム、夜の映画鑑賞など、二人で楽しめるルーティンをつくって。互いの好物のお取り寄せや、出身地の郷土料理を食べるのも○。

仕事運

## 集中とリラックスの切り替えを。デスク小物は面白系が◎

毎日の始業前に、一日のスケジュールを立てましょう。「ここは集中」「ここはルーティン」などとメリハリをつけて仕事を割り振るのがコツです。「髪を結ぶ」「コーヒーを飲む」など、集中するときのスイッチを設けるのもおすすめ。また、デスクまわりには、面白いデザインの文房具など、くすっと笑えるアイテムを。

### 仕事運アップには…

女性 TODOリストを作って仕事の優先順位を明確に。カフェモカなどの甘みのあるフレーバーコーヒーで、疲労回復とモチベーションアップを。

男性 多機能のマウスを使いこなして、仕事効率を高めましょう。疲れにくいデザインを探して。集中力が高まる作業用のBGMを流すのも効果的。

## 金運

### おいしいもので心を豊かに。パソコンまわりの環境も整えて

ごほうびスイーツなど、心を豊かにするものにお金を使いましょう。高級食パンやブランド卵、フルーツなどを思いきってお取り寄せしてみるのも◎。お金を増やしたい人は小銭貯金を。パソコンまわりの環境を見直すのも効果的です。古いケーブルや電源タップなどを新調し、通信環境を快適に整えて。

**金運アップには…**

**女性** はちみつ味のスイーツが金運を増やします。はちみつを料理に使うのも◯。通帳などのお金に関するものは、ドット柄のポーチに収納しましょう。

**男性** いつか行きたい場所や国の写真を、スマホのロック画面や背景画面に設定しましょう。スマホで操作できる、便利なスマート家電も活用を。

## ビューティー運

### 「かわいい自分」になるためのテクニックを学んで実践！

メイクレッスンを受けたり、着こなしコーデ動画を見たりして、「自分がよりかわいく見えるテクニック」を学び、実践しましょう。バルーン袖やフレアスカートなど、丸みのあるアイテムを取り入れると運気がさらにアップ。胸元が運のポイントになるので、インナーはバストを形よく豊かに見せるものを選んで。

**ビューティー運アップには…**

**女性** EMSの美顔器や体幹トレーニング機器で、顔や体を引き締めて。着け心地のいい、ワイヤレスブラやライトブラもおすすめ。

**男性** スマートカジュアルファッションに季節感のあるカラーを取り入れて。知的な魅力を高めてくれる、世界の偉人の名言集も読みましょう。

## 健康運

### 自分に負担をかけすぎないカロリーコントロールを

添加物が入った食品はなるべく避け、脂肪や糖質のとりすぎに注意しましょう。ただし、食事がわびしいものになってしまうのは運気ダウンのもと。リッチなものを食べたら、翌日はローカロリーな生活をするなど、やり方を工夫して上手にカロリーコントロールを。糖質オフのおいしい食材を探すのも開運行動です。

**ストレス解消法**

かわいい動物動画に癒されたり、好きな芸人の漫才やコント、落語で笑ったりすると心と体がリフレッシュ。好きなメニューを食べるのも元気のもとに。

**健康運アップには…**

普段から水素水を飲む習慣をつくりましょう。カカオ含有量の多いチョコレートには気をクリアにする効果が。

# 1月

2024.1/6 ～ 2/3

人間関係を見直して、大切な関係はいっそう深め、そうでない関係は絶つなど、縁の整理をしましょう。同時に新しい出会いにも積極的になり、豊かな人間関係を育んで。そのためには自分の殻を破り、初めての体験を増やし、新しい場所を訪れることが大切です。運気を上げるなら大型のショッピングモールへ。最新のエンターテインメントが楽しめる施設もおすすめです。

**外出にいい方位** 北では温泉旅行を、北東では非日常の旅を楽しんで。東ではオルゴール、南ではコスメをお土産に。

**ラッキーキーワード**

女性 指輪やブレスレットを二連につけて

男性 写真

# 2月

2024.2/4 ～ 3/4

運気が上昇し、新しいことに挑戦する好機。今後の自分にとって必要なことにチャレンジするのがおすすめです。目標を立て、計画的に進めることで確実に成果を上げられます。ただし、自己中心的になり、まわりへの配慮に欠けると運気ダウン。常に感謝と思いやりの気持ちをもって接するよう心がけて。とくに近所の人や地元の友人など、自宅周辺の人間関係を大切にしましょう。

**外出にいい方位** 北東ではヨーグルトを食べて、南ではリラックスする旅を。北ではコーヒーを飲み、南東では雑貨屋に立ち寄って。

**ラッキーキーワード**

女性 紫色のアイテム

男性 シトラス系のフレグランス

# 3月

2024.3/5 ～ 4/3

自分の言動が運を左右しやすい時期。高い意識をもって過ごし、幸運を招きましょう。とくに「成長」の気が高まるので、自分磨きに励んでレベルアップを目指して。本を読んだり、新しい仕事に挑戦したりして、積極的に自分を高めていくよう努力を。運気アップには、和食や和雑貨といった和のものを取り入れて。ひな祭りやお花見などの年中行事を楽しむのも効果的です。

**外出にいい方位** 北ではアクセサリー、北東では陶器、南ではブランド小物、南西ではソーセージやハムなどの加工肉をお土産に。

**ラッキーキーワード**

女性 清楚なお嬢様スタイル

男性 高級食材

# 4月

2024.4/4 ～ 5/4

楽しいことを率先して行い、幸運を招きましょう。気が乗らない用事も何か楽しみを見出し、前向きに取り組むよう努めて。また、楽しみは人と分かち合うとさらなる運を招きます。同じ趣味を楽しむ、同じ料理を味わうなどして、笑い合い、喜び合う時間を過ごして。日常生活ではタオルやインナーなど肌にふれるものに配慮を。肌触りがよく、オーガニック素材のものがおすすめです。

**外出にいい方位** 旅からもらえる運が強まる「旅行月」。北では海藻、北東では漬物、南東ではそば、南では点心、南西では丼物を食べて。

**ラッキーキーワード**

女性 黄色の花

男性 エナメルの小物

**吉方位の見方** ◎：大吉方位 ★：年の吉方位 ☽：月の吉方位 ▲：効果も凶意もない方位 無印：凶方位

## 5月
2024.5/5 ～ 6/4

自分やまわりの環境を見つめ直し、うまくいっていないことや不快な状態があれば放置せず、新しい方法を試したり、環境を変えたりして変化を起こしましょう。変化を促すには季節感のある生活を心がけて。旬のものを食べる、新緑を眺めるなど、この時期ならではの楽しみを満喫すると○。また、正しい姿勢で過ごすことも大切です。姿勢が悪いと気の流れが滞り、変化が鈍るので気をつけて。

**外出にいい方位** 北では余裕のあるスケジュールを組み、南ではTPOをわきまえたおしゃれをしましょう。南東では船に乗って。

**ラッキーキーワード**

**女性** 水晶のアクセサリー

**男性** 風景写真

## 6月
2024.6/5 ～ 7/5

やる気がアップし、頭も冴え渡ります。仕事や勉強がはかどり、強いリーダーシップを発揮するでしょう。一方で、自己中心的になりがちなので、相手への配慮を忘れずに。常に客観的な視点をもち、冷静に判断することも大切です。また、今月は願い事がかないやすい運気です。願い事は紙に書き、実現性を高めて。フローライトを入れた花瓶に季節の花を生けるのも夢をかなえるお守りに。

**外出にいい方位** 南東ではオープンカフェでお茶を。南西では家族写真を撮りましょう。北東では季節の風景を楽しんで。

**ラッキーキーワード**

**女性** 辛い料理

**男性** クロスモチーフのアクセサリー

## 7月
2024.7/6 ～ 8/6

可愛らしさを心がけ、豊かな運を育みましょう。まずは服装やメイク、香水などで外見から変えると、内面も自然と豊かな気持ちになります。また、慌てたり焦ったりすると運気が下がるので、何事も余裕をもって行動を。ラッキータイムは夜。残業や不毛なつき合いは控え、読書や映画など好きなことを楽しみ、友人や恋人と交流を深めるなどして、充実した時間を過ごしましょう。

**外出にいい方位** 南東では旅行の様子をSNSにアップしましょう。南西へは家族や仲間と旅行し、ブレスレットをお土産に。

**ラッキーキーワード**

**女性** 夜景

**男性** さわやかな色のコットンシャツ

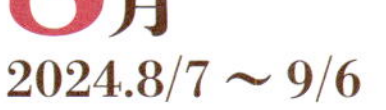

## 8月
2024.8/7 ～ 9/6

家中の汚れを取り除き、不要なものは処分を。必要なものは整理整頓し、使いやすく収納しましょう。掃除をする過程で心がクリアになり、新たな運ももたらされます。夏休みは吉方位に旅行をすると金運と恋愛運がアップ。家族が幸運を招くので、家族旅行もおすすめです。また、お墓参りや親孝行を率先して行い、自分のルーツを大切にすることも幸運体質を育みます。

**外出にいい方位** 南東ではハーブティーを飲んで。北では日本酒を飲み、南では本を読んで、ネットから最新情報をキャッチしましょう。

**ラッキーキーワード**

**女性** ストレッチパンツ

**男性** うちわ

# 9月

2024.9/7 〜 10/7

運気の流れが速いので、何事もテキパキと行動しましょう。のんびり構えていたり、優柔不断になったりすると運やチャンスを逃してしまうので注意。行動力も開運につながるので、フットワークを軽くして過ごすことも大切です。また、夏の終わりや秋の訪れに心を留めると、より運が豊かに。空の様子や虫の声、旬のものなど、さまざまなところで季節の移り変わりを感じましょう。

**外出にいい方位** 南東ではナッツ類、南ではサングラス、北ではガラスの置物、北東では塩、南西ではお茶をお土産に。

**ラッキーキーワード**

**女性** ターコイズのアクセサリー

**男性** ベストセラー小説

# 10月

2024.10/8 〜 11/6

イベントや飲み会など、人が集まる場所には積極的に出かけ、多くの人とつながりましょう。できるだけ今の交友関係にいないタイプの人と接し、豊かな縁を育んで。今月は言霊の力が強まるので、交流の場では慎重な発言を心がけ、噂話や悪口には関わらないように。また、喉を傷めると「縁」の気が弱まります。普段からうがいをしたり、緑茶や紅茶を飲んだりして、喉をケアしましょう。

**外出にいい方位** 北ではきのこ料理、北東ではサンドイッチを食べて。南ではパスケース、南西では花の苗や種をお土産に。

**ラッキーキーワード**

**女性** パスタ

**男性** ラフなヘアスタイル

# 11月

2024.11/7 〜 12/6

行動することで運が開けます。フットワークを軽くして、やりたいことには積極的に挑戦を。夢や願い事など長期スパンの目標は、未来手帳に達成までの道のりを具体的に書き記し、実現に近づけて。ただし、何をするにもまわりの人の協力がないとうまくいきません。日頃から思いやりや感謝の気持ちをもって接し、率先して相手の役に立ち、良好な関係を保ちましょう。

**外出にいい方位** 北東では白い下着を身につけて。南では揚げ物、南西ではパイやタルトを食べましょう。北ではストールを巻くのがおすすめ。

**ラッキーキーワード**

**女性** ハートモチーフの服や小物

**男性** アースカラーのアイテム

# 12月

2024.12/7 〜 2025.1/4

家族や友人などお世話になった人に一年の感謝を伝えましょう。ギフトを贈ったり、食事をごちそうしたりと態度で示すと気持ちがより伝わります。また、品のある言動を心がけ、ワンランク上の運を呼び込んで。本を読んで教養を深める、アートにふれて感性を磨く、ステータスの高い人と交流するのも効果的です。休日は神社仏閣や教会など神聖な場所を訪れ、運をチャージしましょう。

**外出にいい方位** 北ではリラックスした旅を楽しみ、北東では新しい土地を訪れて。南西ではフットマッサージを受けましょう。

**ラッキーキーワード**

**女性** シャンパン

**男性** 上質なレザーの小物

**吉方位の見方** ◎：大吉方位　★：年の吉方位　☽：月の吉方位　▲：効果も凶意もない方位　無印：凶方位

# 六白金星

ろっぱくきんせい

## 自分自身も環境も「変える」ことが開運に

### 意外性のある行動が運を呼ぶきっかけに。生活習慣や住環境もよりよく変えて

今までの人生で一度もやっていないことに思いきってチャレンジしてみましょう。楽器を習う、SNSで発信する、お菓子作りやガーデニングを始めるなど、どんなことでもOK。「イメージと違うね」「そういうことに興味があったんだ!」など周囲から驚かれるかもしれませんが、それが運を呼び込むきっかけになります。

ダイエットや酒量制限、筋トレなど、気になっていた生活習慣の改善に取り組むのも◎。ただし無理は禁物。最初は1カ月など期間限定で取り組み、続けられそうだと感じたら少しずつ期間を延ばしていきましょう。

家の中で使いづらさやストレスを感じている場所も、プチリフォームで改善を。収納スペースも見直しましょう。とくに押し入れや天袋など、今まで手をつけられなかった場所を片づけ、不要なものを処分すると新たな運が呼び込めます。

IMPORTANT POINT

**注意点**

**開運できる方位と行動**

年間を通しての大吉方位は北、南東、南。初めての体験を楽しみ、行ったことのない場所を訪れて。空気のきれいな場所で深呼吸をする、普段できない非日常的な体験をするのも◯。凶方位は北東、東、南西、西、北西。訪れる場合は無理なスケジュールを立てず、白いハンカチを携帯しましょう。

## 恋愛運 SINGLE

### 枠を取り払い、環境に変化を。異なる世界の人とも交流してみて

自分の中にあるこだわりや相手への条件を見直し、これまで「対象外」だった人にも目を向けましょう。出会いに恵まれずに悩んでいる人は、「今の環境では無理」などと決めつけず、何かひとつでも行動を起こして現状を変える努力を。全く違う仕事や生き方をしている人と交流をもつのもおすすめです。

**出会いを呼ぶスタイル**

ジャケットやワンピース、アンサンブルをカジュアルに着こなして。大ぶりのジュエリーをおしゃれのポイントに。襟付きトップス、上質素材のニットウェアできちんと感もプラス。

**おすすめアプローチ法**

気になる人だけでなく、まわりの人にも気を配ると、意外なところから出会いのチャンスが。

## 恋愛運 COUPLE

### 小さな変化をたくさん重ねて。思い出の場所を再訪するのも◎

いつもと違うスーパーで買い物をする、毎朝飲むコーヒー豆の種類を変えるなど、日常生活に小さな変化をたくさん起こしましょう。パートナーが普段選ばないような色、テイストの服や小物を勧めてみるのも◎。また、初デートで訪れた場所や二人の思い出の場所にもう一度行ってみると、より絆が深まります。

**絆を深めるには…**

女性 パートナーの愛読書を読む、イチオシ映画を観るなど、相手が好きなものをチェック。ずっと行ってみたかった場所、泊まってみたい宿も一緒に訪れて。

男性 結婚記念日や誕生日などの特別な日は、いつもより少しグレードの高いレストランで食事を。スマホの壁紙を、二人の思い出の写真にするのも○。

## 仕事運

### ソフトもハードもアップデート。休憩中は仕事スイッチをオフに

パソコンのOSやスマホのアプリを最新版にするなど、デジタル環境のアップデートを。仕事用のパソコンを軽いものに買い替えるのも、「動」の気を高める効果があります。休憩中は、デスクを離れて外の景色を眺める、お茶を飲むなど、業務と関係のないことをすると、仕事の進行がよりスムーズに。

**仕事運アップには…**

女性 神社やお寺の、仕事に関連するお守りを携帯しましょう。本物のジュエリーがついたアクセサリーは、チャンスを引き寄せて成功へと導きます。

男性 最新型タブレット端末、大画面スマホなど、操作しやすいモバイルデバイスが運を活性化します。リーフモチーフの文房具も○。

## 金運

### 手持ちの貯金や資産を書き出し、将来を見据えた人生設計を

自分の貯金総額や加入中の保険などを書き出し、全資産を明らかにしましょう。それをもとに、この先の人生設計をするのも◎。また、積み立てタイプの貯金や保険料、サブスクの料金など、毎月決まって出ていくお金をきちんと把握しておきましょう。支出額が多すぎる人は契約プランや積立額の見直しを。

**金運アップには…**

女性 有名食器メーカーのマグカップやグラスを普段使いしましょう。海外ブランドや、シルクのランジェリーにもお金を増やす効果が。

男性 ブランドロゴの入った小物がステータスをアップ。肌ダメージは金運にマイナスです。日焼け止めと保湿効果の高いメンズコスメで肌荒れ対策を。

## ビューティー運

### 髪や服を「いつもと違う」雰囲気に。メイクはツヤ肌を目指して

前髪の分け方や長さを変える、いつもと違う色の服を着るなど、ちょっとしたイメチェンをはかりましょう。周囲に「いつもと違う」「雰囲気が変わった」と気づかれるくらいがベストです。メイクは肌質に合う下地や基礎化粧品を探し、ツヤのある肌づくりを。毛穴が気になる人は炭酸パックなどでケアして。

**ビューティー運アップには…**

女性 心地よい眠りが美しさを生み出します。快眠をサポートするアイテムやアプリを使って、眠りの質を高めて。定期的なフェイスパックも効果的。

男性 乳酸菌サプリ、高機能ヨーグルトで腸活を。ウッディな香りが、気をクリアにしてくれます。ルームフレグランスや入浴剤で取り入れて。

## 健康運

### 定期検診で体の状態を把握。ストレッチで関節を柔軟に

定期的に検診を受け、自分の体の状態を把握しましょう。食生活にも気を配り、血液をサラサラにする食材を積極的にとって。ストレッチをこまめに行い、体、とくに関節を柔らかくすることも大切です。また、睡眠環境も運に大きな影響を及ぼします。枕やマットレスを見直し、眠りの質を高めましょう。

**ストレス解消法**

早起きして朝の光や空気を感じましょう。朝ヨガ、呼吸法、ストレッチ、瞑想も心を穏やかに。公園など、自然を感じる場所の散歩にはリセット効果あり。

**健康運アップには…**

グルテンフリー食材、糖質オフ食材などを取り入れて体質改善を。ホットジンジャーティーで気の滞りを解消して。

# 1月

2024.1/6 ～ 2/3

身のまわりにある不要なものを取り除き、清浄な状態で新年のスタートをきりましょう。不用品はもちろん、悪い生活習慣や体の不調は改善し、悪縁となっている関係は絶つなど、運の負担になっているものを一掃して。運気アップには良質な睡眠をとること。快適な寝具を使い、寝るときはラベンダーの香りを漂わせ、クラシック音楽を流すなどして、心地よい眠りに誘いましょう。

**外出にいい方位** 南ではアートにふれて。北東では伝統工芸のアクセサリーを、北ではストレス解消グッズをお土産に。

**ラッキーキーワード**

**女性** セットアップスーツ

**男性** オーガニック食材

# 2月

2024.2/4 ～ 3/4

高級ホテルで朝食を食べる、一流ブランドのコスメを使うなどして、プチ贅沢を楽しむとワンランク上の運を招きます。ただし、出費を後悔すると運気が下がるので、無理のない範囲でリッチな雰囲気に浸りましょう。運気アップには右手薬指にクラシカルなデザインの指輪をつけて。また、運は住空間の上の方に生じるので、タンスの上や照明などはきれいに掃除しておくことも大切です。

**外出にいい方位** 北ではお酒かジュースを飲んで。南ではアートホテルに泊まり、炭火焼きグリルの料理を食べましょう。

**ラッキーキーワード**

**女性** シルバーのアイテム

**男性** ストライプシャツ

# 3月

2024.3/5 ～ 4/3

おいしいものを食べ、幸せを感じる瞬間に運気がアップ。とくに旬のものや新鮮なものを食べると、新しい運を招きます。また、言霊の力が強まるので、発言には慎重になって。ポジティブな発言を増やし、幸運体質を育みましょう。金運アップには、無駄使いや目的のない貯金などの「死に金」を減らして。自分を豊かにするための出費は惜しまず、「生き金」を増やすよう努力を。

**外出にいい方位** 南へはトレンドを取り入れた服装で出かけて。北ではクリームソースの料理を食べ、小銭入れをお土産に。

**ラッキーキーワード**

**女性** ロングフレアスカート

**男性** チーズ

# 4月

2024.4/4 ～ 5/4

変えたいと思うことがあれば行動に移しましょう。複数ある場合は、比較的簡単なことから始めると運に勢いがつき、ほかもスムーズに行えます。ただし、不要なものに囲まれていると気が滞り、変化が進みません。不用品は処分し、悪縁と思われる関係は絶つなどして、気の浄化をはかって。休日は、秘境やテーマパークなど非日常が味わえるスポットを訪れ、運気を活性化させましょう。

**外出にいい方位** 旅行からもらえる運気が強まる「旅行月」。北では牛乳を飲み、南東では布製品、南ではアイケア用品をお土産に。

**ラッキーキーワード**

**女性** お弁当

**男性** 新品の下着や靴下

**吉方位の見方** ◎：大吉方位 ★：年の吉方位 ☽：月の吉方位 ▲：効果も凶意もない方位 無印：凶方位

## 5月
2024.5/5 ～ 6/4

幅広い知識が豊かな運を育みます。テレビや雑誌で気になる情報をチェックし、ネットで深掘りしましょう。家族や友人からも有益な情報がもたらされるので、聞き逃さないように。また、直感が冴え、いいアイデアがひらめき、思いつきの行動が成功しそう。出会いも第一印象を信じて正解です。運気アップにはパエリアやブイヤベースなど海の幸がたっぷり入った料理を食べて。

**外出にいい方位** 南東ではフラワーパークを訪れ、食事はトマトソーススパゲティーを食べて。お土産にはかわいい下着がおすすめ。

**ラッキーキーワード**

**女性** ダブルチャームのネックレス

**男性** 宝くじ

## 6月
2024.6/5 ～ 7/5

雨の日は外出を控え、家でのんびり過ごしましょう。そして入浴に時間をかけ、湯船に入って疲れをとり、体や髪を丁寧に洗い、体にたまった悪い気を雨と一緒に流して。また、良質な睡眠が運を育みます。早寝早起きを心がけ、快適な寝具を使う、ラベンダーの香りを漂わせるなどして、睡眠環境を整えて。掃除は水まわりに力を入れ、「水」の気をクリアにし、運気をととのえましょう。

**外出にいい方位** 南東では女性と旅行を。明るい雰囲気の宿に泊まり、ショッピングを楽しんで。お土産には果物がおすすめ。

**ラッキーキーワード**

**女性** エナメルの靴やバッグ

**男性** 恋愛小説

## 7月
2024.7/6 ～ 8/6

なりたい自分や理想の生活を思い描き、実現に向けて行動しましょう。漫然と過ごしていても何も変わらず、新たな運も縁も入ってきません。まずは目標を人に話すか紙に書き、実現に近づけて。また、視野を広げることも大切です。常に客観的な視点をもち、人の意見に耳を傾け、新しい情報も積極的に取り入れて。休日は、花火大会など夏のイベントを楽しみ、運のパワーチャージを。

**外出にいい方位** 南東へは左手にブレスレットをつけ、リゾートドレスで出かけましょう。お土産にはコスメや石けんを選んで。

**ラッキーキーワード**

**女性** ヘアアクセサリー

**男性** マリン系やウッド系のフレグランス

## 8月
2024.8/7 ～ 9/6

何事も計画的に取り組むとスムーズに進みます。そのためには余裕のある計画を立て、しっかり準備をしておくことが大切です。計画は頭で考えるだけでなく、未来手帳などに記入しておくと○。また、有益な情報が入りやすいので、あらゆるところにアンテナを張り巡らせて。とくに屋外でいい情報がもたらされるので、人と会ったり、外を歩いたりする機会を増やしましょう。

**外出にいい方位** 南東ではガラス製品をお土産に。北ではハートモチーフのアクセサリーを身につけて。南では名刺入れの購入を。

**ラッキーキーワード**

**女性** 白い下着

**男性** 上質なリネンシャツ

# 9月

2024.9/7 〜 10/7

出会いの数が多ければ多いほど運気が上昇します。率先して新しい環境に身を置き、初めての場所を訪れ、「縁」の気を活性化させましょう。また、家にいると縁がもたらされないばかりか、気の流れも停滞します。できるだけ外出し、出会いのチャンスを増やして。通気性のいいインナーを身につけ、入浴やマッサージで代謝を高めるなど、自分自身の気の巡りをよくすることも大切です。

**外出にいい方位** 南ではオーシャンビューの部屋に泊まりましょう。北では隠れ家のような宿に泊まり、露天風呂に入って。

**ラッキーキーワード**

女性 スクエアネックのカットソー

男性 ハンカチ

# 10月

2024.10/8 〜 11/6

自分と向き合い、悪いところは反省し、よいところは自信にしましょう。自分を見つめ直す過程で多くの気づきがあり、新たなスタートがきれます。ただし、身のまわりに不要なものがたまっているとうまくいきません。不用品はもちろん、悪い生活習慣や不毛なつき合いも一掃を。大きなチャンスを手に入れるには星に願いをかけて。雲がなく星がきれいな夜に行うのが効果的です。

**外出にいい方位** 北ではシートパックで保湿ケアを。南ではメゾネットルームに泊まり、オリーブオイルを使った料理を食べて。

**ラッキーキーワード**

女性 ルームシューズ

男性 有名ブランドのキーケース

# 11月

2024.11/7 〜 12/6

自分の言動がそのまま運に反映されやすいので、高い意識をもって過ごしましょう。とくに品のある行いを心がけ、グレードの高い運を呼び込んで。ステータスの高い人と行動したり、一流と呼ばれる場所に身を置いたりするのも効果的です。また、体によい食事をとり、仕事に力を入れ、プライベートを楽しみ、良質な睡眠をとるなど、一日を通して充実した生活を送りましょう。

**外出にいい方位** 北では水辺で写真を撮り、帰ったら自宅に飾って。南では同じ場所を2度訪れ、ボディケアグッズをお土産に。

**ラッキーキーワード**

女性 シルクのスカーフやストール

男性 黄色のアイテム

# 12月

2024.12/7 〜 2025.1/4

笑顔が幸運をもたらします。自分だけでなくまわりの人も笑顔になれるよう、楽しいことを提案し、明るい話題を提供しましょう。また、愚痴やため息、暗い表情などネガティブなものは封印し、ハッピーな雰囲気を作り出して。大掃除はキッチンを入念に。油汚れや焦げつきなどのしつこい汚れを取り除き、収納スペースを整理して不用品を処分。清浄な状態で新年を迎えましょう。

**外出にいい方位** 北では秘湯がある宿に泊まり、好きな人や親しい人に手紙や絵はがきを書いて。お土産にはアクセサリーを。

**ラッキーキーワード**

女性 ケーキ

男性 ジュエリー



吉方位の見方 ◎:大吉方位 ★:年の吉方位 ☽:月の吉方位 ▲:効果も凶意もない方位 無印:凶方位

# 七赤金星

理想に向かって邁進し、自らを光り輝かせて

## 理想に近づくための道を見つけましょう。話し方から所作まで「美しくある」努力を

自分が目指す理想像や目標を具体的にイメージし、そこに向かう道を見つけましょう。理想に近づくために必要なスキルや知識があれば、少しずつでもいいので身につけて。本を読んだり勉強したりするなら、朝や午前中の時間帯がベスト。通勤中に語学講座を聴くなど、すき間時間も上手に活用していきましょう。

とくに関心をもつべき重要なトピックは、環境問題。温暖化やゴミ問題など、環境に関するニュースを見つけたら、ざっとでもいいので読んでおく習慣をつけましょう。「知る」ためのアンテナを常に立てておくことが大切です。

また、「美しくある」ことも重要なポイント。見た目はもちろんのこと、立ち居振る舞い、話し方、姿勢など、美はあらゆる所作に宿ります。とくに後ろ姿や歩き方など、自分では見えない部分に気を配りましょう。

IMPORTANT POINT
### 注意点
#### 開運できる方位と行動

年間を通しての大吉方位は北東、南東。吉方位は南西。アートや伝統文化にふれて感性を磨くほか、スポーツ観戦やゲーム、イベントやレジャーを楽しむのもおすすめ。凶方位は北、東、南、西、北西。訪れる場合は、額と耳、胸元を隠して出かけましょう。

恋愛運 SINGLE

## 相手の目に映る自分を意識し、チャームポイントをアピール

縁をつなぎたい相手がいるなら、その人の目に好ましく映るようなメイク、ファッションを研究しましょう。容姿に自信がない人も、自分をきれいに見せる術を学んで。自信をもつと人は輝いて見えるもの。その輝きがあなたの魅力を高めてくれます。自分の長所やチャームポイントを上手にアピールすることも大切です。

### 出会いを呼ぶスタイル

服やファッション小物には、ワンアイテムでいいので、カラーやデザインにトレンドを取り入れて。パールのような光沢感のある生地のアイテム、動きやすいバギーパンツもラッキー。

### おすすめアプローチ法

BBQやグランピングなどの、アウトドアレジャーにグループで出かけると、いいきっかけに。

恋愛運 COUPLE

## いいところを見てほめる習慣を。束縛はやめ、お互いを尊重して

つき合いが長くなると、お互いの嫌なところが目につきがち。「その服、似合ってるよ」「今日の盛りつけ、おいしそう!」など、相手の長所やいいところを積極的に見つけ、口に出す習慣をつけましょう。また、相手への束縛は運気ダウンのもと。互いに別の人格だという意識をもち、尊重し合うように心がけましょう。

### 絆を深めるには…

女性 リビングなどの二人で過ごす空間に、楽しい思い出の写真を時系列に飾りましょう。パートナーのいいところを探して、言葉で伝えると愛情運がアップ。

男性 お取り寄せをしたり、おいしいレストランに出かけたりして、二人の好物を味わって。ボロボロのルームウェアは×。着古したものは処分を。

仕事運

## ロールモデルをお手本に。周囲の意見も柔軟に取り入れて

先輩の話を聞いたり、雑誌やウェブ記事を読んだりして、自分のロールモデルになりそうな人を見つけて。その人の仕事への取り組み方や生き方などをお手本にし、自分にできることを実践していきましょう。心がけたいのは柔軟さ。自分の意見ややり方に固執せず、周囲の意見も聞きながら柔軟に対応していきましょう。

### 仕事運アップには…

女性 スマートスピーカーを活用して生活の質を高めると、仕事も充実。きれいな手元も運気アップのポイントなので、ハンドクリームでお手入れを。

男性 ホットアイマスクで目を癒したり、洗眼薬で目を洗ってすっきりさせるとやる気スイッチが入ります。ピリ辛料理もモチベーションアップに効果的。

## 金運

### 無駄な出費はとことんカット。「迷ったときは買わない」が正解

使っていないクレジットカードの会費、サブスク代などをチェックし、無駄な出費を減らしましょう。衝動買いもNG。とくに夜中のネットショッピングには要注意です。「欲しい！」と思ったものは、カートに入れて一昼夜考えるなど、少し時間をおく習慣をつけましょう。また、少しでも迷ったら買わない決断を。

#### 金運アップには…

女性 スマイルマークの小物が、楽しく使えるお金を増やします。アラビアンスイーツのバクラバ、クナーファなど、海外の人気スイーツも食べて。

男性 水を飲むときに陶器のコップを使うと運気が安定。ビアマグもおすすめ。ミントフレーバーのキャンディー、お茶、ガムはいいお金の流れをつくります。

## ビューティー運

### 睡眠の質を高め、メイクやファッションをセンスアップ

睡眠アプリを取り入れるなどして、睡眠の質を高めましょう。眠る前はスマホ断ちをするなど、生活習慣も改善を。ヨガや瞑想を日々のルーティンとしてやってみるのも◎。メイクやファッションはトレンドを積極的に取り入れてセンスアップをはかりましょう。とくにアイメイクに抜け感を出す方法はぜひマスターして。

#### ビューティー運アップには…

女性 酵素を使ったパックや洗顔料、化粧品をデイリーケアに取り入れて。酸っぱい柑橘系やミントの香りのキャンドルも全身の気を活性化させます。

男性 定期的にソルトバスにゆっくり浸かり、癒されながらデトックスしましょう。アミノ酸のサプリやドリンクで、健康的な魅力も手に入れて。

## 健康運

### 朝日を意識して生活を。頭と目のケアを重点的に

朝起きたらカーテンを開ける、窓を開けて外を見るなど、朝日を意識して生活しましょう。重点ケアポイントは、頭と目。スカルプブラシやヘッドマッサージなどで、頭皮を健やかに保ちましょう。仕事でパソコンを使う場合は、ブルーライトカットグラスをかけて目を守り、疲れたときはホットアイマスクで温めて。

#### ストレス解消法

対戦形式のゲームやスポーツを楽しんでストレス発散を。スパ、岩盤浴、温泉でたくさん汗をかくのも○。頑張った自分へのご褒美スイーツも心の潤いに。

#### 健康運アップには…

朝起きたら、炭酸水などの発泡性のドリンクを飲むと運気が上昇します。夕方から夜にはハニージンジャーティーを。

# 3月
2024.3/5 ～ 4/3

仕事のやり方を変える、新しい交流をはかるなど、いつもの生活に変化を起こすと運気が活性化し、新たな運や縁がもたらされます。現状維持にこだわり、マンネリな生活を送っていると気が滞り、悪い気がたまりやすくなるので注意。また、心身を柔軟に保ち、「変化」の気を促して。体の凝りはマッサージでほぐし、ストレスによる心の凝りはおしゃべりや趣味で解消しましょう。

**外出にいい方位** 今月は吉方位がありません。遠出はせず、35km圏内で散策するようにしてください。

**ラッキーキーワード**

**女性** モコモコニット

**男性** 白色のアイテム

# 4月
2024.4/4 ～ 5/4

好感度がアップし、人気者になれそう。謙虚さと誠実さを忘れずに、華やかな交流を楽しんで。同時に、浅いつき合いに終始せず、多くの出会いから必要な縁を見つけて関係を深めていきましょう。出会いのチャンスや運に恵まれない人は気が滞っている可能性があります。掃除と換気を徹底し、クリアな空間で過ごして。部屋の四隅に炭や水晶を置いて浄化するのも効果的です。

**外出にいい方位** 旅行からもらえる運気が強まる「旅行月」。北東では普段できないことに挑戦を。南東ではロゼワインを飲んで。

**ラッキーキーワード**

**女性** ブランド小物

**男性** メガネのおしゃれを楽しんで

# 1月
2024.1/6 ～ 2/3

尊敬する人と行動を共にし、いいところはどんどん取り入れましょう。親や上司、先生など目上の人の言葉に耳を傾けることも大切です。グレードの高い運を招くには、品のある言動を心がけて。一人のときも、時間がないときも、常に品格を保ちましょう。また、年中行事を大事にし、お正月はおせち料理を食べ、神社やお寺に初詣を。七草粥や鏡開きをするのもおすすめです。

**外出にいい方位** 南ではエビやカニを食べ、ピアスやイヤリングをお土産に。東では寿司、北では黒豆を食べましょう。

**ラッキーキーワード**

**女性** 王冠モチーフのアクセサリー

**男性** コース料理

# 2月
2024.2/4 ～ 3/4

毎日を楽しく過ごすよう努力しましょう。楽しくないことはなるべく控え、それが難しい場合は何か楽しみを見出し、前向きに取り組んで。疲れやストレス、悩みはため込まず、その都度解消することも大切です。また、楽しい時間を人と共有すると絆が深まり、大きな運を生み出します。共通の趣味を楽しむ、旅行をする、おいしいものを食べるなどして、共有体験を増やしましょう。

**外出にいい方位** 北東ではアフタヌーンティーを楽しんで。南東では駅や空港で写真を撮り、旅行の様子をSNSにアップしましょう。

**ラッキーキーワード**

**女性** チョコレート

**男性** 重ね着コーディネート



吉方位の見方　◎：大吉方位　★：年の吉方位　☽：月の吉方位　▲：効果も凶意もない方位　無印：凶方位

# 7月
2024.7/6 ～ 8/6

知識を広げることで運の土台が豊かになり、多くの運がもたらされます。もともと知識がある分野よりも、なじみのない分野の知識を取り込むのが効果的。また、最新情報やトレンドも積極的にキャッチし、新しい運を呼び込みましょう。開運行動は写真撮影。夏らしい風景をバックに写真を撮り、成長を促して。家族に朗報があれば家族写真を撮ると、さらなる発展を招きます。

**外出にいい方位** 南東では空港や駅に直結した宿に泊まり、南西ではアウトレットモールなどで上質なものをお得に手に入れて。

ラッキーキーワード

**女性** ブラックジーンズ

**男性** 炭酸飲料

# 8月
2024.8/7 ～ 9/6

「縁」の気が高まるので、友達や恋人が欲しい人は積極的に行動しましょう。交流では共通の話題で盛り上がると関係が築きやすくなります。出会いが少ない人は、人が集まる場所に出かける、初めての場所を訪れるなどし、「縁」の気を活性化させて。また、夏は冷房をつけるため窓を閉め切ってしまいがちですが、定期的に窓を開けて換気を行い、気の巡りをよくしましょう。

**外出にいい方位** 今月は吉方位がありません。遠出はせず、35km圏内で散策するようにしてください。

ラッキーキーワード

**女性** 風鈴

**男性** リネンジャケット

# 5月
2024.5/5 ～ 6/4

心身の疲れがたまりやすく、運気を下げる原因に。無理をしないようにし、意識して休憩をとりましょう。お風呂でゆっくり温まる、睡眠を長めにとる、甘いものを食べるなどして、疲れを取り除くことも大切です。また、休日は予定を詰め込まないように。カフェで本を読んだり、緑豊かな公園でランチをしたりと、のんびり過ごして心と体を癒し、豊かな運を育てましょう。

**外出にいい方位** 南東へはかわいい下着で出かけて。食事は洋風のシーフード料理を食べ、ネイルオイルなどネイルグッズをお土産に。

ラッキーキーワード

**女性** ラブソング

**男性** シルバーアクセサリー

# 6月
2024.6/5 ～ 7/5

何事も落ち着いて取り組むとうまくいきます。焦ったり、気が散ったりするときは、れんこんや大根などの根菜を食べて「土」の気を吸収し、気持ちを整えて。人に左右されず、自分のペースで行うことも大事です。また、幸運は足元から吸収されるので、フットケアを行い、きれいに磨いた靴を履き、歩く機会を増やして。家の床掃除にも力を入れ、荷物は床置きしないようにしましょう。

**外出にいい方位** 南東では初めての体験を楽しみ、新たな発見を増やして。スケジュールにとらわれすぎないことも大切です。

ラッキーキーワード

**女性** フォークロア調のアクセサリー

**男性** 家庭料理

# 9月

2024.9/7 〜 10/7

物事がスムーズに進み、ラッキーなことも増えそう。充実した時間を楽しみつつも冷静さや謙虚さを忘れずに、好調な運をキープして。同時に、一時の楽しさに満足せず、自分を見つめ直して改善をはかり、さらなる幸せを目指す姿勢も大切に。ラッキースポットは人が集まる場所。繁華街やイベント会場など、にぎやかな場所で過ごす機会を増やし、運をつかみましょう。

**外出にいい方位** 北東ではリニューアルした老舗の宿に泊まって。南東では香りのいい花を買い、部屋に飾りましょう。

**ラッキーキーワード**

**女性** レザーバングル

**男性** 鉢植え

# 10月

2024.10/8 〜 11/6

まわりの人には思いやりをもって接し、良好な関係を築きましょう。とくに目上の人を敬い、積極的に相手の役に立って。また、高級レストランでの食事や一流ブランドの小物など、贅沢なモノやコトを取り入れるとグレードの高い運を招きます。自分よりステータスの高い人との交流もおすすめです。ただし、背伸びをする体験は疲れるので、睡眠をしっかりとってパワーを充電しましょう。

**外出にいい方位** 北東では季節の景色が楽しめる宿に泊まって。山の上にある寺や神社を訪れ、食事には段重ね弁当を。

**ラッキーキーワード**

**女性** 貯金箱

**男性** アーガイルニット

# 11月

2024.11/7 〜 12/6

心から楽しめることを率先して行い、運気アップをはかりましょう。旅行や食事会など楽しい予定を入れるのはもちろん、好きな花を飾ったり、お気に入りのお店に寄ったりと、普段の生活も楽しくする努力を。おいしいものを食べるのもおすすめです。ただし、ジャンクフードは極力控えめにし、旬のものや新鮮なものを積極的に取り入れて、体も喜ぶ食事を心がけましょう。

**外出にいい方位** 北東へはストレッチ素材の服で出かけましょう。南西ではその土地の食材を使った鍋料理を楽しんで。

**ラッキーキーワード**

**女性** ストールのおしゃれを楽しんで

**男性** ワイン

# 12月

2024.12/7 〜 2025.1/4

環境の変化が増えそう。変化は前向きに捉え、自分の運に取り込みましょう。また、変えたいと思うことは積極的に行動を起こして。「変化」の気が高まる今なら、スムーズに変えられるはずです。ただし、気が滞っているとうまくいきません。大掃除では汚れやゴミを取り除き、不用品は一掃を。自分自身も、入浴やマッサージで一年の疲れを取り除き、クリアな状態にしておきましょう。

**外出にいい方位** 今月は吉方位がありません。遠出はせず、35km圏内で散策するようにしてください。

**ラッキーキーワード**

**女性** 茶色のアイテム

**男性** クリスマスリース

**吉方位の見方** ◎：大吉方位　★：年の吉方位　☽：月の吉方位　▲：効果も凶意もない方位　無印：凶方位

# 八白土星（はっぱくどせい）

## 心の環境を整え、ゆったりリラックス

### 全体運

## 心が落ち着き、充実する場所へ。希望につながる言霊で運の種まきを

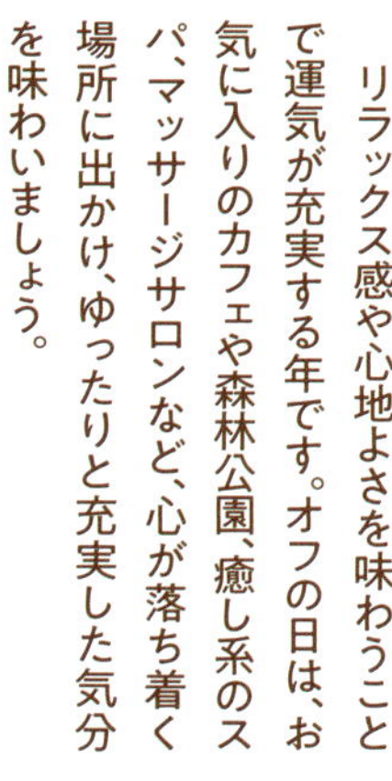

リラックス感や心地よさを味わうことで運気が充実する年です。オフの日は、お気に入りのカフェや森林公園、癒し系のスパ、マッサージサロンなど、心が落ち着く場所に出かけ、ゆったりと充実した気分を味わいましょう。

家の中でも、優しい気持ちでゆったり過ごせるような環境づくりを心がけて。スキンケアアイテムやインナーなど、肌に直接ふれるアイテム選びも重要なポイントです。化粧水や美容液は自分の肌タイプに合うものにアップデートし、インナーやパジャマは、上質なコットンなど肌触りのよい素材を選びましょう。

また、希望につながる言葉をたくさん口に出し、運を育てましょう。「こうなったらいいな」「○○するともっとよくなるかも」のように、未来に向かって種をまくような言霊を積極的に口にすると、「水」の気がその言霊を大きく育ててくれます。

IMPORTANT POINT

**注意点**

**開運できる方位と行動**

年間を通しての大吉方位は北東、南東、南西。きれいな水辺、ゆったり過ごせる公園やカフェなど、リラックスできる場所を訪れて。凶方位は北、東、南、西、北西。訪れる場合は、自分にとって吉方位の水を持参し、現地に着いたらすぐに飲んで。余計なおしゃべりも控えましょう。

恋愛運 SINGLE

## 自分にも周囲にも優しさを。互いにリラックスできる関係が◎

新しい出会いの輪をたくさんつくり、さまざまな人との交流を楽しみましょう。独りよがりにならず、自分にも周囲にも優しく接するよう心がけて。好きな人とは、一緒にいるとリラックスできる関係になるのがベスト。お互いの存在が自分の心の環境を整えてくれる、そんな相手を探しましょう。

### 出会いを呼ぶスタイル

オンとオフ、カジュアルとフォーマルなど、いろいろなイメージの服を楽しんで。白ベースのコーディネートもいい出会いを引き寄せます。Aラインのワンピース、ふんわりスカートも○。

### おすすめアプローチ法

気取らず、素直な気持ちを言葉にして。誘うなら穴場的なスポットやレジャー、きれいな水辺に。

恋愛運 COUPLE

## 気遣いとスキンシップを大切に。互いの心の環境改善に努めて

キーワードは「気遣い」と「感謝」。自分だけでなく、相手の心もよい環境になっているかどうか、常に気配りを。「こうしてもらえるとうれしい」「こんなふうにするともっといいよね」など、二人で話し合ってよりよい環境をつくっていきましょう。手をつなぐ、肩をもむなど、日常生活でのスキンシップも大切にして。

### 絆を深めるには…

女性 バスタオル、シーツなどの肌にふれるファブリック類を、柔らかい触り心地のものに交換。ハッピーエンドのドラマや映画を二人で観るのも○。

男性 パートナーと花の名所に出かけましょう。季節ごとに訪れると効果的。プチ模様替え、ガーデニングなど、家に変化を与える行動も絆を強めます。

仕事運

## 同僚や部下に感謝とねぎらいを。スケジュール管理に気を配って

周囲に気遣いができる人になりましょう。部下や同僚には「ありがとう」「いつも助かってるよ」と、感謝やねぎらいの気持ちを言葉にして伝えて。ただし余計な口出しやおせっかいはNGです。時間にルーズになりがちなので、スケジュール管理は万全に。またストレスはためこまず、こまめに発散するよう心がけましょう。

### 仕事運アップには…

女性 ローズの香りのハンドクリームやネイルオイルを使って。ブレイクタイムには、ミルクスイーツやラテドリンクなど、ミルク味のものでパワーチャージ。

男性 有名ブランドのハンカチを携帯しましょう。大事な日はアイロンをかけ、ピシッとさせて。ソフトレザーの財布はいい結果を出しやすくする効果が。

## 金運

### 「貯める」より「増やす」が◎。お金への愛を言霊に

今年は「貯める」より「増やす」ことに意識を向けましょう。貯蓄なら、毎月定額を引き落として積み立てるなど、「知らないうちに貯まっていく」ものがおすすめです。クレジットカードやスマホ決済のサービスは、自分に合うものに絞って活用を。「自分はお金に愛されている」「お金って大切」などと言霊にするのも◎。

**金運アップには…**

女性 一輪でもいいので、家に季節の花を飾って。玄関やリビングなど、目につきやすい場所が○。月モチーフのアクセサリーや小物も金運にいい変化を生みます。

男性 ポイントが活用しやすいなど、自分のライフスタイルに合ったクレジットカードを使いましょう。フロストガラスの食器にはお金を循環させる効果が。

## ビューティー運

### 「なりたい自分」に近づく工夫を。保湿ケアで運も潤わせて

今よりきれいな自分をイメージし、そこに近づくためにはどうすればいいのか考えましょう。自撮り写真を加工して、「なりたい姿」を具現化すると、今の自分に足りないものが見えてきます。スキンケアは保湿、とくにリップケアに力を入れましょう。ヘアパックやアウトバストリートメントなど、+αのケアもぜひ行って。

**ビューティー運アップには…**

女性 コラーゲンドリンクなど、美容効果の期待できるドリンクが運気をアップ。オーガニックのヘアケア剤やヘッドマッサージャーで、頭皮と髪の手入れを。

男性 靴や靴下で足元のおしゃれを楽しむと個性が引き立ちます。スニーカーは汚れを落とし、革靴はピカピカに。自分の吉方位の水で代謝をアップ。

## 健康運

### イライラは汗をかいて解消！ ぬるめのお風呂でリラックス

心の環境を整え、落ち着いた状態を保つことが運気アップの秘訣。ストレスがたまってイライラしたときはサウナや岩盤浴で汗をかく、スパイシーなものを食べるなどして、たまった火毒を排出しましょう。また、ぬるめのお風呂に甘い香りの入浴剤を入れてゆったり浸かるなど、リラックスできる時間も大切に。

**ストレス解消法**

行ってみたかった店や場所を訪れると気分が前向きに。イライラする日はリラックスする音楽を聴きながら湯船に浸かるか、夜カフェでのんびり過ごして。

**健康運アップには…**

八角形のミラーがバランスよく体調を整えます。こまめに磨くと○。炭酸入りの入浴剤、ウォーミングオイルでの温活も実践。

## 1月

2024.1/6 ～ 2/3

オーガニック食材を使う、有名店で食事をするなど、食にこだわり、体の中から運を育みましょう。また、お正月や新年会などで飲食の機会が増えますが、暴飲暴食に注意し、適量をおいしく食べるよう心がけて。運気を下げるのは冷え。防寒対策を徹底し、常に体を温かくして生活を。人間関係では意外な縁とつながりそう。今まで話したことがない人、敬遠してきた人と話してみて。

**外出にいい方位** 北東ではスキーなどのウィンタースポーツを楽しんで。絶景が自慢の宿に泊まり、木製の雑貨をお土産に。

**ラッキーキーワード**

**女性** カボションカットのジュエリー

**男性** 家庭用ゲーム機

## 2月

2024.2/4 ～ 3/4

イメチェンや模様替えなど、自分やまわりの環境に変化を与え、運気を活性化させましょう。仕事のやり方を変える、新しい通勤ルートを使うなどもおすすめ。変化は「以前よりよくなった」と前向きに捉えることで、運にプラスになります。また、身のまわりの変化をいち早くキャッチし、柔軟に対応することも大切です。まずは季節の移り変わりに目を向け、春の訪れを感じ取って。

**外出にいい方位** 南東へはおしゃれをして出かけ、港やヨットハーバーが見える宿に泊まりましょう。お土産にはアロマグッズを。

**ラッキーキーワード**

**女性** 和菓子

**男性** グリーンのニット

## 3月

2024.3/5 ～ 4/3

運の勢いに乗ってアクティブに過ごしましょう。やりたいことに挑戦し、新しい体験も積極的に。面倒な仕事や後回しにしていた掃除など、気乗りしなかったことも今ならやる気をもって取り組めます。また、欲しいチャンスが巡ってきそう。クロスモチーフのアイテムを身につけ、運を引き寄せて。ただチャンスを待つのではなく、情報収集や人脈づくりなど自ら努力することも大切です。

**外出にいい方位** 北東ではサンドイッチやソーセージを食べて。南西ではコンドミニアムなどで滞在型の旅行を楽しみましょう。

**ラッキーキーワード**

**女性** ラメ入りタイツやカラータイツ

**男性** シーフード料理

## 4月

2024.4/4 ～ 5/4

身近な人との絆を深めると運気が安定します。そのためには相手との共有体験を増やし、多くのことを語り合って。誠実さと思いやりをもって接し、相手の役に立つことも大切です。また、心身の疲れは運気低下の原因に。ストレスになることは控え、無理のない生活を送って。この時期は疲れをため込む傾向があるので、気分転換をしたり、休んだりと、その都度解消するよう心がけましょう。

**外出にいい方位** 旅行からもらえる運気が強まる「旅行月」。北東では和洋室に泊まり、南東ではクルミ、南西では湯葉を食べて。

**ラッキーキーワード**

**女性** ハートモチーフのアクセサリー

**男性** ベッドファブリック



**吉方位の見方** ◎：大吉方位 ★：年の吉方位 ☽：月の吉方位 ▲：効果も凶意もない方位 無印：凶方位

## 5月
2024.5/5 ～ 6/4

今までの努力が実を結びそう。達成感を味わい、さらなる高みを目指しましょう。運気アップには歌舞伎や落語を楽しみ、茶道や華道を体験するなど、日本の伝統文化に親しんで。和食を食べる、和室で過ごす、着物を着るなどもおすすめです。また、健康な体に幸運が宿ります。栄養バランスのよい食事と良質な睡眠、適度な運動を心がけ、不調を感じたら早めに改善に努めましょう。

**外出にいい方位** 南東へはスクエアネックの服で出かけて。お土産にはボディケアグッズやファッション小物がおすすめです。

**ラッキーキーワード**

**女性** フットケアグッズ

**男性** 和雑貨

## 6月
2024.6/5 ～ 7/5

思い立ったら即行動を。考えすぎたり、優柔不断になったりすると好機を逃すので注意。運気アップには頭を使うクイズやゲームがおすすめ。とくに思考力や記憶力を使うものを選んで。また、言霊の力が強まり、言ったことが現実になりやすくなります。夢や目標は「～したい」ではなく「～する」と断言し、実現に近づけて。「できない」「無理」などのネガティブな発言は控えましょう。

**外出にいい方位** 南東では花の名前の宿に泊まって。南西では上質な旅をリーズナブルに楽しみ、北東ではタワーに登りましょう。

**ラッキーキーワード**

**女性** 楽器

**男性** グリーン系のフレグランス

## 7月
2024.7/6 ～ 8/6

縁がつながりやすいので、仲良くしたい人とは積極的に交流をはかって。疎遠になっていた人やケンカしていた人とも関係を取り戻すチャンス。自分から働きかけることが関係修復のポイントです。出会いがない人はタンスやクローゼットの洋服を整理し、不用品の処分を。また、旬のものを食べたり、夏祭りを楽しんだりと季節感のある生活を送り、新たな縁を招きましょう。

**外出にいい方位** 南西ではウォーキングを楽しみ、食事では熟成肉を食べて。おやつにはお団子とほうじ茶がおすすめです。

**ラッキーキーワード**

**女性** 花柄のブラウス

**男性** インターネット

## 8月
2024.8/7 ～ 9/6

家族や友人など身近な人に感謝し、豊かな運を育みましょう。率先して相手の役に立ち、相互理解を深め、信頼関係を強めることも大切です。また、ストレスになっている関係は絶ち、不用品は処分を。悪い生活習慣は改め、凝りやむくみは解消するなど、身のまわりの悪運をもたらすものは取り除くよう努めて。身辺がクリアになることで、新たな運や縁も入りやすくなります。

**外出にいい方位** 南東へはミュールやサンダルを履き、カゴバッグやコットンバッグで出かけて。お土産にはアクセサリーを。

**ラッキーキーワード**

**女性** プレゼント

**男性** ジャージ素材のアイテム

# 9月

2024.9/7 ～ 10/7

人には思いやりをもって接し、困っている人がいたら積極的に助けましょう。また、何事も準備を万全にし、時間に余裕をもって取り組んで。焦ったり無理をしたりするとパフォーマンスを十分発揮できないどころか、運も落とすので注意。運のグレードアップをはかるなら、高級食材や一流ブランド品など上質なものを取り入れて。自分よりステータスが高い人との交流もおすすめです。

**外出にいい方位** 北東へはウェッジソールの靴を履き、清楚なファッションで出かけて。南西では小さくても上質なものをお土産に。

**ラッキーキーワード**

**女性** 一流ブランドのバッグ

**男性** クラシック音楽

# 10月

2024.10/8 ～ 11/6

毎日を楽しむことが運気上昇につながります。レジャーはもちろん、家事や仕事、勉強も楽しむ工夫を。話題の調理グッズを取り入れる、新プロジェクトに参加するなど、何事も前向きに取り組むよう心がけて。また、楽しい気持ちを人と共有すると大きな運を生み出します。その際は、「楽しいね」「よかったね」などポジティブな言葉をかけ合い、場の雰囲気を盛り上げましょう。

**外出にいい方位** 北東へは肌触りのいいパジャマを持参して。南西へはニットなど伸縮性のある服で出かけましょう。

**ラッキーキーワード**

**女性** ハロウィングッズ

**男性** ドット柄のシャツや小物

# 11月

2024.11/7 ～ 12/6

環境の変化が増えますが、前向きに捉え、柔軟に対応しましょう。日頃から自分の考えや目標を明確にしておくと、変化に翻弄されることなく、変化を味方につけられます。また、洞察力を鋭くし、変化にいち早く気づくことも大切です。一方、変化への対応は多くのエネルギーを使います。普段はいつも通りに生活し、家族や友人など気心の知れた人と過ごしてパワー回復に努めましょう。

**外出にいい方位** 今月は吉方位がありません。遠出はせず、35km圏内で散策するようにしてください。

**ラッキーキーワード**

**女性** 白レースのインナー

**男性** 図鑑

# 12月

2024.12/7 ～ 2025.1/4

美容やダイエットに励むと満足いく成果が上げられそう。話題の美容法や人気のコスメを取り入れ、楽しみながら美しさを磨いて。また、何事も情熱をもって取り組む一方、感情的な言動も増えます。夜は北枕で眠るか、寝る前に吉方位の水を一杯飲み、過剰な「火」の気を鎮めて。疲れがたまると感情のコントロールが難しくなるので、意識的に気分転換し、休憩をとることも大切です。

**外出にいい方位** 北東では風景写真を撮り、自宅に飾りましょう。南西ではマルチビタミンのサプリメントを摂取して。

**ラッキーキーワード**

**女性** 点心

**男性** デザイン性の高い服



**吉方位の見方** ◎：大吉方位 ★：年の吉方位 ☽：月の吉方位 ▲：効果も凶意もない方位 無印：凶方位

# 九紫火星（きゅうしかせい）

## 考え方や環境のベースチェンジを

### 日常のベースにある思い込みをなくし、ルーティンや食も見直して

自分を成長させることが運気アップにつながる年です。子どもの頃にやっていた習い事を再開するなど、身につけたスキルや経験を生かせる分野があれば、ぜひ再チャレンジを。

思い込みや偏見をできるだけなくし、物事を多角的に捉える視点をもつことも大切です。まずは、「ホットケーキにはメープルシロップをかけるもの」「衣替えは6月1日」などの常識や固定概念を取り払うことから始めてみて。ベースメイクの方法や掃除の手順を見直す、家具の配置や収納のやり方を変えるなど、日常生活のベースを見直すのもおすすめです。

食生活のベースチェンジも◎。毎日食べているお米の種類を変えたり、雑穀米を取り入れたりするほか、糖質のとりすぎが気になるならパンや麺類を糖質オフのものに変えてみましょう。調味料など、毎日使うものを見直すのも効果的です。

IMPORTANT POINT
**注意点**
**開運できる方位と行動**

年間を通しての大吉方位は北、南東。吉方位は南。動きやすい服装、歩きやすい靴で出かけましょう。徒歩での移動も運を活性化。凶方位は北東、東、南西、西、北西。訪れる場合は、移動手段、観光地やレストランなど、事前に現地の情報をチェック。早寝早起きも心がけて。

恋愛運 SINGLE

## 共通の地盤が縁をつなぐカギ。チャンスのためにはまず行動を

昔の同級生や同じサークルの出身者、同郷の人など、自分と共通の地盤がある人と縁がつながりやすい年です。趣味や好きな音楽が同じ人、習い事で知り合った人などとの縁も有望。行動することからチャンスが生まれるので、相手のアクション待ちではなく、自分からどんどん行動を起こしていきましょう。

**出会いを呼ぶスタイル**

トレンドを取り入れたコンフォートファッション、ワンピースやカジュアルジャケットスタイルが、出会いのチャンスを生みます。定番アイテムにも、色やデザインで流行を取り入れて。

**おすすめアプローチ法**

互いが好きなことなど、共感ポイントを探して話題に。屋外で歩きながら話をするのも○。

恋愛運 COUPLE

## 環境や行動を見直して。日常生活の中にワクワク感を

つき合いが長く、パートナーとの関係が「日常」になっている人は、つき合い始めた頃の行動を取り戻す努力を。メイクや服に気を配る、「ありがとう」「ごめんね」をこまめに言うなど、初心に返って行動するとぐんと絆が深まります。また、旅行の計画を立てる、記念日に贈り物をし合うなど、日々のワクワク感も大切に。

**絆を深めるには…**

女性 座り心地のいいソファーや椅子、優しい光の間接照明を使ってリビングをリラックス空間に。互いの親に誕生日プレゼントを贈るのも○。

男性 出会ってから今までの思い出の品や写真を見直し、整理整頓を。おそろいのボディバッグ（色違いが○）をプレゼントしましょう。

仕事運

## 目標を見据えた成長戦略を。基本アプリはアップデートを

自分のもっているスキルや得意分野を見直し、目標に到達するまでの成長戦略を立てましょう。そのために必要なスキルや人脈をどうやって手に入れるかも考え、できることから実践を。また、仕事でいつも使うアプリやブラウザ、メールなどベースのソフトは、より新しく機能的なものにアップデートしていきましょう。

**仕事運アップには…**

女性 セットアップ、フェミニンなスーツが運気を後押しします。スマホ、タブレットPC、手帳には、ポケット付きなどの機能的なカバーをつけて。

男性 頭に気が巡るとアイデアが湧いてきます。ヘッドスパで頭の凝りをほぐしましょう。サブスク音楽配信サービスを活用し、気分に合った音楽も聴いて。

## 金運

### 手堅い投資で着実に増やして。重複買いや衝動買いはNG

少しずつ着実に資産を増やすことが大切な年。投資で増やすなら、きちんと勉強し、「これなら確実」「手堅い」と思えるものを選びましょう。貯蓄なら積立貯金や小銭貯金など、「少しずつ増えていく」ことを実感できるものがおすすめです。また、衝動買いは絶対NG。日用品の重複買いなど、無駄買いも極力避けて。

**金運アップには…**

女性 フルーツ柄の食器、花の形の食器を普段使いすると、豊かな運気を吸収できます。タイル製のコースターや花瓶敷きもインテリアに取り入れて。

男性 伝統的な和の文様など、素敵なデザインの和小物が金運のベースを豊かにします。鉢植えの観葉植物、ミニ盆栽を育てるのも運気の安定に効果的。

## ビューティー運

### ベースの肌づくりが何より大切。PC診断や肌診断もラッキー

クレンジングをしっかりする、酵素洗顔で汚れを落とすなど、ベースの肌づくりに力を入れましょう。シミやほくろなど、コンプレックスになっている肌悩みがある人は、それを消す手立てを考えて。美容皮膚科などで相談するのもひとつの手です。パーソナルカラー診断を受け、自分に似合う色を見つけるのも◎。

**ビューティー運アップには…**

女性 自分の肌色に合ったトーンアップのベースメイクで、より明るいイメージに。フルーツビネガーを使ったドリンクや料理も、容姿に輝きを与えます。

男性 保湿効果の高いスキンケアコスメやボディローションで、全身の肌の潤いをキープ。健やかなパワーを与えてくれる大豆プロテインも日々の習慣に。

## 健康運

### 汗をかいてベースをデトックス。瞑想もぜひ取り入れて

ソルトバスやサウナなどで汗をかき、ベースにたまった毒を流しましょう。寝る前など、短時間でもいいので瞑想する習慣を取り入れるのも効果的です。運動習慣をつけたい人は早足でのウォーキングがおすすめ。スマートウォッチを活用し、目標の歩数を決めて歩くと、達成感が得られてモチベーションもアップします。

**ストレス解消法**

気分が上がる音楽を聴きながらゆっくり歩いて。ドラマの一気見、趣味に没頭するなど、好きなことにハマり込む時間には気を変えてくれる効果が。

**健康運アップには…**

体重体組成計やヘルスケアアプリで健康管理を。キャンドルや焚火など、炎を見るのも生命力アップに。動画でもOK。

# 1月

2024.1/6 ～ 2/3

新年を機に「変えたい」と思うことは行動に移して。ポジティブなイメージをもって取り組むとうまくいきます。また、清浄な空間で過ごし、「変化」の気を促すことも大切です。掃除と換気を徹底し、エアコンも定期的にクリーニングを。初詣は山の上にある神社に行き、願い事を絵馬に託して。具体的な内容より「健康で過ごせますように」と運全体を願う方がかないやすいでしょう。

**外出にいい方位** 東では朝日を浴び、よい言霊を心がけて。食事はハンバーガーやホットドッグ、サラダなどを食べましょう。

**ラッキーキーワード**

**女性** 漆器

**男性** 髪型のイメージチェンジ

# 2月

2024.2/4 ～ 3/4

自分を見つめ直し、いいところは自信にし、さらに伸ばしていきましょう。悪いところは反省し、改善に努めて。振り返る努力を怠り、開き直ったり、あきらめたりすると運の成長が見込めないので注意。また、直感が冴えるので、思いつきの行動がうまくいき、優れたひらめきを発揮しそう。直感からの行動が遅かったり、判断に迷ったりしていると好機を逃すので、即行動を心がけましょう。

**外出にいい方位** 南東へはネットで口コミ情報をリサーチしてから出かけましょう。お土産には魚介類の加工品がおすすめです。

**ラッキーキーワード**

**女性** ハンドクリーム

**男性** アイケア用品

# 3月

2024.3/5 ～ 4/3

優しい気持ちが豊かな運を育みます。一日一善の精神で、人には親切に接し、困っている人がいたら助けましょう。また、心を広くもつことも大切です。そのためには、日頃から多様な考えや価値観にふれ、何事も余裕をもって取り組むよう心がけて。ラッキータイムは夜。好きなことを楽しみ、気の合う人と過ごして運気アップを。残業や気乗りしない用事は極力控えましょう。

**外出にいい方位** 今月は吉方位がありません。遠出はせず、35km圏内で散策するようにしてください。

**ラッキーキーワード**

**女性** オルゴール

**男性** 新品のインナー

# 4月

2024.4/4 ～ 5/4

今年度の目標を立て、達成計画を練りましょう。ただし、行動に移すのは来月以降に。今月は情報収集や人脈づくりなどの準備に充てて。また、視野が狭くなる傾向があり、それが運やチャンスを逃す原因に。意識して客観的視点や多様な意見にふれ、物事を大局から捉えるようにしましょう。運気アップには花や野菜を育てるのがおすすめ。植物と共に運も育てるイメージで栽培しましょう。

**外出にいい方位** 旅行からもらえる運気が強まる「旅行月」。北ではソフトクリーム、南東ではロール寿司や麺類を食べて。

**ラッキーキーワード**

**女性** ローファーやローヒール

**男性** レザースニーカー

**吉方位の見方** ◎：大吉方位 ★：年の吉方位 ☽：月の吉方位 ▲：効果も凶意もない方位 無印：凶方位

## 5月

2024.5/5 〜 6/4

運気の流れが速いので、テキパキと行動して運をつかみましょう。何事もスピードアップし、無駄な作業は省くなど効率アップもはかって。ただし、前進することだけに気をとられると自己中心的になりがちです。意識的にまわりを見て、思いやりと協調性を忘れずに行動しましょう。また、音楽や映像から運がもたらされます。好きな音楽や話題の映画、癒される動画を楽しむ機会を増やして。

**外出にいい方位** 北では美しい風景を写真に収めて。南東ではアロママッサージを受け、フレーバーティーを飲みましょう。

**ラッキーキーワード**

**女性** 明るめのヘアカラー

**男性** 寿司

## 6月

2024.6/5 〜 7/5

身近な関係を深め、運の土台を強固に。とくに家族や幼なじみなど、昔からの縁を深めるのがおすすめです。一緒に食事をしたり、旅行をしたりと多くの体験を共有し、絆を深めて。日常生活では香りを上手に活用しましょう。交流の場では柑橘系の香りで好感度を上げ、恋愛力を高めるならフローラルの香りを取り入れて。疲れた日はラベンダーの香りでリラックスを。

**外出にいい方位** 今月は吉方位がありません。遠出はせず、35km圏内で散策するようにしてください。

**ラッキーキーワード**

**女性** 傘

**男性** チェック柄のネクタイ

## 7月

2024.7/6 〜 8/6

大きなチャンスが巡ってくるので、やりたいことには積極的にチャレンジを。成功の秘訣は「必ずうまくいく」と自信をもって取り組むこと。そのためにも、日頃から得意分野を伸ばし、自分の努力や実績を振り返り、自信を育むよう努めましょう。やりたいことが複数ある場合は、同時に手をつけると散漫になりがちなので注意。比較的容易なものから順に取りかかり、運に勢いをつけましょう。

**外出にいい方位** 南東では風通しのいいリゾートホテルに泊まり、ヘアサロンやネイルサロンへ。お土産には果物を選んで。

**ラッキーキーワード**

**女性** 天然石のネックレス

**男性** お好み焼き

## 8月

2024.8/7 〜 9/6

意識の高い言動がグレードの高い運をもたらします。礼儀とマナーを大切にし、ステータスの高い人と過ごし、教養を深め、感性を磨きましょう。何事にも向上心をもって取り組み、上を目指す姿勢も大切です。現状に甘んじていると運気が下降していくので注意して。また、充実感を得ることも運気を豊かにします。仕事に力を入れ、プライベートを楽しみ、毎日を生き生きと過ごしましょう。

**外出にいい方位** 北には普段使いのジュエリーを持参し、きれいな水で浄化して。南ではプール付きのホテルに泊まりましょう。

**ラッキーキーワード**

**女性** 白い陶器

**男性** サマージャケット

## 11月

2024.11/7 ～ 12/6

本を読んだり、勉強をしたりして、幅広い知識を身につけましょう。テレビや雑誌、ネットなどから最新情報やトレンドをキャッチすることも大切です。今月は夢がかないやすい運気なので、積極的に行動を起こして。同時に、夢がかなうまでの過程を未来手帳に記すか人に話して、実現する力を高めましょう。キラキラ輝く天然石を身につけるのも、夢をかなえるためのお守りに。

**外出にいい方位** 今月は吉方位がありません。遠出はせず、35km圏内で散策するようにしてください。

ラッキーキーワード

**女性** ファー付きの靴やバッグ

**男性** スポーツバッグ

## 12月

2024.12/7 ～ 2025.1/4

一年の疲れを取り除き、来年に幸運を招きましょう。体の疲れは入浴やマッサージで癒し、ストレスは好きなことをして発散を。お酒を楽しむのもいいですが、飲みすぎると運気が乱れ、悪縁や悪運を招くので気をつけて。大掃除は、寒い場所や暗い場所など「陰」の気がこもりやすいところを重点的に。掃除と換気を徹底し、不要なものを処分して、清浄な状態にしましょう。

**外出にいい方位** 今月は吉方位がありません。遠出はせず、35km圏内で散策するようにしてください。

ラッキーキーワード

**女性** パジャマ

**男性** あんかけ料理

## 9月

2024.9/7 ～ 10/7

おいしいものを食べて幸せな気分に浸りましょう。食事による体重増加が気になる人は、食事制限ではなく運動で調整を。暴飲暴食やジャンクフードは控え、新鮮なものや旬のものを食べることも大切です。食事中の会話を楽しんだり、好きな音楽をかけたりと、食事をする環境にもこだわりましょう。運気の低下を感じたらジュエリーを身につけて。本物がもつ輝きが運にパワーを与えてくれます。

**外出にいい方位** 北ではリンパマッサージをして、南東では香りを身につけて。南ではクロワッサンや炒め物を食べましょう。

ラッキーキーワード

**女性** はちみつ

**男性** キャラクターTシャツ

## 10月

2024.10/8 ～ 11/6

駅前のリニューアルや隣人の引っ越しなど、身のまわりで多くの変化がありそう。変化を前向きに捉え、柔軟に対応することが、あなたにとってプラスになります。また、模様替えやイメチェンなど自分からも変化を起こし、運気を活性化させて。季節感のある生活を送ることも変化を促します。食事に旬を取り入れ、秋の装いに身を包み、秋祭りやハロウィンなどの行事を楽しみましょう。

**外出にいい方位** 北ではスカーフやストールを身につけ、季節の花を見に行って。お土産には生クリームのスイーツがおすすめです。

ラッキーキーワード

**女性** アンサンブルニット

**男性** 牛肉料理

 吉方位の見方 ◎：大吉方位 ★：年の吉方位 ☽：月の吉方位 ▲：効果も凶意もない方位 無印：凶方位

今から運気の予習をしておこう！

# 2025年はどんな年？

2025年は、二黒土星が中宮に位置する「土」の年。
三碧木星の年に思い描いた希望をしっかりとつかみ、
自分のベースの中で実現させていきましょう。

## 希望や願いを現実にするためのプランを練って

2025年は「土」の年。前年の行動で手に入れた成長と発展の運気を自分の土壌に取り込み、しっかりと土の中に根を張って、強く豊かな地盤をつくっていきましょう。

年が明ける前にしておくべきことは、希望を現実にするためのプランニング。「木」の年に見つけた希望や願いを現実にたぐり寄せるためにはどうすればいいか考え、プランを立てておきましょう。

## 心も体も柔軟に。「〜ねばならない」は捨てて伸びやかに

「土」の気は固くなると縮こまってしまい、養分を吸収できなくなるので、心も体も柔軟な状態で新年を迎えたいもの。体が硬い人はストレッチをするなどして、少しでも体を柔らかくしておきましょう。

また、考え方も柔軟に。「〇〇じゃなくちゃダメ」といった決めつけや、「〜ねばならない」という思い込みは捨て、心を伸びやかに解放しましょう。

## 床掃除&空間浄化で空間の気をクリアに。収納も見直しを

二黒土星の年は、低い場所に運が集まるので、床掃除はマスト。重曹を入れた水で水ぶきすると気がクリアになります。掃除のあとは煙で空間浄化をするとより効果的。

運がたまる場所である収納スペースも見直しを。家族の衣類収納を1カ所にまとめる、使いづらい棚を撤去するなど、固定観念や思い込みを捨てて、使いやすく効率的なやり方に変えていきましょう。

より深く、風水を取り入れるための

# 2024年
# 風水データ
# &
# 日家八門表

風水を実践するために知っておきたい
データと表の活用法を説明します。
運のいい１年を過ごすために、ぜひ活用して。

# 風水データの活用法

風水に密接に関わる暦や季節の移り変わり。これらを正しく把握することで、運気の上昇を後押しできます。ひとつずつ、理解を深めましょう。

## 月変わりとは

風水でいう「ひと月」は、現代のカレンダーとは少し異なります。これは各月が「節入日」から始まると考え、翌月の節入日の前日までを一カ月とするから。例えば風水でいう2024年1月は、1月6日～2月3日までを指します。少し複雑ですが、毎月確認してくださいね。

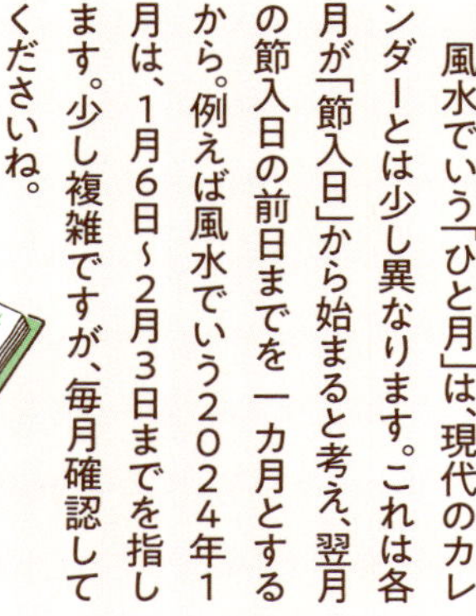


## 年変わりとは

現代の日本では、暦といえば1月1日～12月31日までを一年としますが、風水は旧暦をもとに確立されたため、立春から始まって翌年の節分までを一年と考えます。

2024年は、2月4日が「年変わり」の日にあたります。その年を支配する星の配置を「年盤」と呼びますが、2024年2月4日～2025年2月2日まで三碧木星が中宮（九星盤の中央）に位置しているため、2024年は「三碧木星の年」となるのです。

## 節入日とは

春分を基点として、地球が太陽の周囲を一周するときに、その一周を12等分したものを「節」といいます。この「節」から次の「節」へ入る日時のことを「節入」と呼び、節入日には「小寒」「立春」など、二十四節気の名称がついています。

## 十干とは

甲・乙・丙・丁・戊・己・庚・辛・壬・癸の10種から成り、古代中国から伝わった暦の表示に使われるもの。性質によって五行に分類され、陰と陽にも分けられます。陽のものの語尾は「え」、陰のものは「と」となります。

木＝甲（きのえ）・乙（きのと）
火＝丙（ひのえ）・丁（ひのと）
土＝戊（つちのえ）・己（つちのと）
金＝庚（かのえ）・辛（かのと）
水＝壬（みずのえ）・癸（みずのと）

## 十二支とは

子・丑・寅・卯・辰・巳・午・未・申・酉・戌・亥の12種から成り、方位・時刻・年月日の割り当てとして使用されるもの。十干と十二支の組み合わせを「干支（えと）」または「六十干支」と呼びます。

## 二十四節気とは

一年を24等分にし、季節を表す名称をつけたもので、中国で考案された区分法。現在の日本でも冬至や夏至、立春など、季節の訪れなどを表すときに多く用いられます。季節感を重んじる風水にとって、大切なものです。

## 月盤とは

次ページ以降の上部にある八角形の図は、「月盤」と呼ばれるもの。盤の中央に位置する数字は中宮星を表しており、各月の運気や方位に影響を与えています。月盤からわかる月ごとの運勢や方位はP. 66以降を参照してください。

## 月相とは

月の満ち欠けのこと。風水では、月は「水」の気をもつものとされています。月の力を得ることで、「水」のもつ運気、とくに恋愛運や金運を豊かにする効果が期待できます。

**新月の日のおすすめ行動**

### 新しいジュエリーをつけ始める

「はじまり」を意味する新月の日にジュエリーを使い始めると、石のパワーがより強まります。

### ヘアケアをする

「水」の気をもつ髪の毛の集中ケアを。トリートメントをしたり、ヘッドマッサージで頭皮をほぐしたりして。

**満月の日のおすすめ行動**

### 月光浴をする

月の力が強まるとき。ぜひ月の光を浴びて。月が出ていなくても夜空を見上げましょう。

### 「水」の気をもつジュエリーをつける

ムーンストーン、ローズクォーツ、真珠などをつけて。ジュエリーの力が強まります。

### スキンケアをする

パックをしたり、蒸気浴をしたりと、お肌のお手入れをしましょう。

2024年のスタートです。今年は言霊が育ちやすい年なので、年明け最初に口にする言葉は、自分にとってプラスになるものにしましょう。未来日記を始めるのも◎。

| 日 | 曜日 | 六曜 | 九星 | 十干 | 十二支 | 節気 | 月相 | 祝日 |
|---|---|---|---|---|---|---|---|---|
| 1 | 月 | 赤口 | 一白 | 甲 | 子 | | | 元日 |
| 2 | 火 | 先勝 | 二黒 | 乙 | 丑 | | | |
| 3 | 水 | 友引 | 三碧 | 丙 | 寅 | | | |
| 4 | 木 | 先負 | 四緑 | 丁 | 卯 | | 下弦 | |
| 5 | 金 | 仏滅 | 五黄 | 戊 | 辰 | | | |
| 6 | 土 | 大安 | 六白 | 己 | 巳 | 小寒 | | |
| 7 | 日 | 赤口 | 七赤 | 庚 | 午 | | | |
| 8 | 月 | 先勝 | 八白 | 辛 | 未 | | | 成人の日 |
| 9 | 火 | 友引 | 九紫 | 壬 | 申 | | | |
| 10 | 水 | 先負 | 一白 | 癸 | 酉 | | | |
| 11 | 木 | 赤口 | 二黒 | 甲 | 戌 | | 新月 | |
| 12 | 金 | 先勝 | 三碧 | 乙 | 亥 | | | |
| 13 | 土 | 友引 | 四緑 | 丙 | 子 | | | |
| 14 | 日 | 先負 | 五黄 | 丁 | 丑 | | | |
| 15 | 月 | 仏滅 | 六白 | 戊 | 寅 | | | |
| 16 | 火 | 大安 | 七赤 | 己 | 卯 | | | |
| 17 | 水 | 赤口 | 八白 | 庚 | 辰 | | | |
| 18 | 木 | 先勝 | 九紫 | 辛 | 巳 | | 上弦 | |
| 19 | 金 | 友引 | 一白 | 壬 | 午 | | | |
| 20 | 土 | 先負 | 二黒 | 癸 | 未 | 大寒 | | |
| 21 | 日 | 仏滅 | 三碧 | 甲 | 申 | | | |
| 22 | 月 | 大安 | 四緑 | 乙 | 酉 | | | |
| 23 | 火 | 赤口 | 五黄 | 丙 | 戌 | | | |
| 24 | 水 | 先勝 | 六白 | 丁 | 亥 | | | |
| 25 | 木 | 友引 | 七赤 | 戊 | 子 | | | |
| 26 | 金 | 先負 | 八白 | 己 | 丑 | | 満月 | |
| 27 | 土 | 仏滅 | 九紫 | 庚 | 寅 | | | |
| 28 | 日 | 大安 | 一白 | 辛 | 卯 | | | |
| 29 | 月 | 赤口 | 二黒 | 壬 | 辰 | | | |
| 30 | 火 | 先勝 | 三碧 | 癸 | 巳 | | | |
| 31 | 水 | 友引 | 四緑 | 甲 | 午 | | | |

月変わり

※法改正に伴い、祝日が変更になる場合があります。ご了承ください。

立春は「はじまり」の日。自分のイニシャルや、縁のある数字を身につけて過ごしましょう。バレンタインデーにはチョコにメッセージを添えて贈り、気持ちを伝えて。

## 2月 五黄土星 寅

| 日 | 曜日 | 六曜 | 九星 | 十干 | 十二支 | 節気 | 月相 | 祝日 |
|---|---|---|---|---|---|---|---|---|
| 1 | 木 | 先負 | 五黄 | 乙 | 未 | | | |
| 2 | 金 | 仏滅 | 六白 | 丙 | 申 | | | |
| 3 | 土 | 大安 | 七赤 | 丁 | 酉 | | 下弦 | |
| 4 | 日 | 赤口 | 八白 | 戊 | 戌 | 立春 | | |
| 5 | 月 | 先勝 | 九紫 | 己 | 亥 | | | |
| 6 | 火 | 友引 | 一白 | 庚 | 子 | | | |
| 7 | 水 | 先負 | 二黒 | 辛 | 丑 | | | |
| 8 | 木 | 仏滅 | 三碧 | 壬 | 寅 | | | |
| 9 | 金 | 大安 | 四緑 | 癸 | 卯 | | | |
| 10 | 土 | 先勝 | 五黄 | 甲 | 辰 | | 新月 | |
| 11 | 日 | 友引 | 六白 | 乙 | 巳 | | | 建国記念の日 |
| 12 | 月 | 先負 | 七赤 | 丙 | 午 | | | 振替休日 |
| 13 | 火 | 仏滅 | 八白 | 丁 | 未 | | | |
| 14 | 水 | 大安 | 九紫 | 戊 | 申 | | | |
| 15 | 木 | 赤口 | 一白 | 己 | 酉 | | | |
| 16 | 金 | 先勝 | 二黒 | 庚 | 戌 | | | |
| 17 | 土 | 友引 | 三碧 | 辛 | 亥 | | 上弦 | |
| 18 | 日 | 先負 | 四緑 | 壬 | 子 | | | |
| 19 | 月 | 仏滅 | 五黄 | 癸 | 丑 | 雨水 | | |
| 20 | 火 | 大安 | 六白 | 甲 | 寅 | | | |
| 21 | 水 | 赤口 | 七赤 | 乙 | 卯 | | | |
| 22 | 木 | 先勝 | 八白 | 丙 | 辰 | | | |
| 23 | 金 | 友引 | 九紫 | 丁 | 巳 | | | 天皇誕生日 |
| 24 | 土 | 先負 | 一白 | 戊 | 午 | | 満月 | |
| 25 | 日 | 仏滅 | 二黒 | 己 | 未 | | | |
| 26 | 月 | 大安 | 三碧 | 庚 | 申 | | | |
| 27 | 火 | 赤口 | 四緑 | 辛 | 酉 | | | |
| 28 | 水 | 先勝 | 五黄 | 壬 | 戌 | | | |
| 29 | 木 | 友引 | 六白 | 癸 | 亥 | | | |

月変わり

そろそろ桜の便りが届き始める頃。かわいい装いで出かけ、桜を背景にして写真を撮りましょう。好きな音楽をイヤホンで聴きながらお花見をするのもおすすめです。

| 日 | 曜日 | 六曜 | 九星 | 十干 | 十二支 | 節気 | 月相 | 祝日 |
|---|---|---|---|---|---|---|---|---|
| 1 | 金 | 先負 | 七赤 | 甲 | 子 | | | |
| 2 | 土 | 仏滅 | 八白 | 乙 | 丑 | | | |
| 3 | 日 | 大安 | 九紫 | 丙 | 寅 | | | |
| 4 | 月 | 赤口 | 一白 | 丁 | 卯 | | 下弦 | |
| 5 | 火 | 先勝 | 二黒 | 戊 | 辰 | 啓蟄 | | |
| 6 | 水 | 友引 | 三碧 | 己 | 巳 | | | |
| 7 | 木 | 先負 | 四緑 | 庚 | 午 | | | |
| 8 | 金 | 仏滅 | 五黄 | 辛 | 未 | | | |
| 9 | 土 | 大安 | 六白 | 壬 | 申 | | | |
| 10 | 日 | 友引 | 七赤 | 癸 | 酉 | | 新月 | |
| 11 | 月 | 先負 | 八白 | 甲 | 戌 | | | |
| 12 | 火 | 仏滅 | 九紫 | 乙 | 亥 | | | |
| 13 | 水 | 大安 | 一白 | 丙 | 子 | | | |
| 14 | 木 | 赤口 | 二黒 | 丁 | 丑 | | | |
| 15 | 金 | 先勝 | 三碧 | 戊 | 寅 | | | |
| 16 | 土 | 友引 | 四緑 | 己 | 卯 | | | |
| 17 | 日 | 先負 | 五黄 | 庚 | 辰 | | 上弦 | |
| 18 | 月 | 仏滅 | 六白 | 辛 | 巳 | | | |
| 19 | 火 | 大安 | 七赤 | 壬 | 午 | | | |
| 20 | 水 | 赤口 | 八白 | 癸 | 未 | 春分 | | 春分の日 |
| 21 | 木 | 先勝 | 九紫 | 甲 | 申 | | | |
| 22 | 金 | 友引 | 一白 | 乙 | 酉 | | | |
| 23 | 土 | 先負 | 二黒 | 丙 | 戌 | | | |
| 24 | 日 | 仏滅 | 三碧 | 丁 | 亥 | | | |
| 25 | 月 | 大安 | 四緑 | 戊 | 子 | | 満月 | |
| 26 | 火 | 赤口 | 五黄 | 己 | 丑 | | | |
| 27 | 水 | 先勝 | 六白 | 庚 | 寅 | | | |
| 28 | 木 | 友引 | 七赤 | 辛 | 卯 | | | |
| 29 | 金 | 先負 | 八白 | 壬 | 辰 | | | |
| 30 | 土 | 仏滅 | 九紫 | 癸 | 巳 | | | |
| 31 | 日 | 大安 | 一白 | 甲 | 午 | | | |

月変わり

旅行月です。「動」の気から全ての運が生じる年なので、ぜひ行ける範囲で旅行に出かけて。自然公園などで新緑の風景を眺めたり、スポーツを楽しんだりするのも◎。

| 日 | 曜日 | 六曜 | 九星 | 十干 | 十二支 | 節気 | 月相 | 祝日 |
|---|---|---|---|---|---|---|---|---|
| 1 | 月 | 赤口 | 二黒 | 乙 | 未 | | | |
| 2 | 火 | 先勝 | 三碧 | 丙 | 申 | | 下弦 | |
| 3 | 水 | 友引 | 四緑 | 丁 | 酉 | | | |
| 4 | 木 | 先負 | 五黄 | 戊 | 戌 | 清明 | | |
| 5 | 金 | 仏滅 | 六白 | 己 | 亥 | | | |
| 6 | 土 | 大安 | 七赤 | 庚 | 子 | | | |
| 7 | 日 | 赤口 | 八白 | 辛 | 丑 | | | |
| 8 | 月 | 先勝 | 九紫 | 壬 | 寅 | | | |
| 9 | 火 | 先負 | 一白 | 癸 | 卯 | | 新月 | |
| 10 | 水 | 仏滅 | 二黒 | 甲 | 辰 | | | |
| 11 | 木 | 大安 | 三碧 | 乙 | 巳 | | | |
| 12 | 金 | 赤口 | 四緑 | 丙 | 午 | | | |
| 13 | 土 | 先勝 | 五黄 | 丁 | 未 | | | |
| 14 | 日 | 友引 | 六白 | 戊 | 申 | | | |
| 15 | 月 | 先負 | 七赤 | 己 | 酉 | | | |
| 16 | 火 | 仏滅 | 八白 | 庚 | 戌 | | 上弦 | |
| 17 | 水 | 大安 | 九紫 | 辛 | 亥 | | | |
| 18 | 木 | 赤口 | 一白 | 壬 | 子 | | | |
| 19 | 金 | 先勝 | 二黒 | 癸 | 丑 | 穀雨 | | |
| 20 | 土 | 友引 | 三碧 | 甲 | 寅 | | | |
| 21 | 日 | 先負 | 四緑 | 乙 | 卯 | | | |
| 22 | 月 | 仏滅 | 五黄 | 丙 | 辰 | | | |
| 23 | 火 | 大安 | 六白 | 丁 | 巳 | | | |
| 24 | 水 | 赤口 | 七赤 | 戊 | 午 | | 満月 | |
| 25 | 木 | 先勝 | 八白 | 己 | 未 | | | |
| 26 | 金 | 友引 | 九紫 | 庚 | 申 | | | |
| 27 | 土 | 先負 | 一白 | 辛 | 酉 | | | |
| 28 | 日 | 仏滅 | 二黒 | 壬 | 戌 | | | |
| 29 | 月 | 大安 | 三碧 | 癸 | 亥 | | | 昭和の日 |
| 30 | 火 | 赤口 | 四緑 | 甲 | 子 | | | |

月変わり（4日より）

連休は、なるべく自然の中で過ごしましょう。カラオケで歌うのも開運行動。連休明けにやる気が出ない人は、嫌だと感じることを紙に書いて破り、気分を晴らして。

| 日 | 曜日 | 六曜 | 九星 | 十干 | 十二支 | 節気 | 月相 | 祝日 |
|---|---|---|---|---|---|---|---|---|
| 1 | 水 | 先勝 | 五黄 | 乙 | 丑 | | 下弦 | |
| 2 | 木 | 友引 | 六白 | 丙 | 寅 | | | |
| 3 | 金 | 先負 | 七赤 | 丁 | 卯 | | | 憲法記念日 |
| 4 | 土 | 仏滅 | 八白 | 戊 | 辰 | | | みどりの日 |
| 5 | 日 | 大安 | 九紫 | 己 | 巳 | 立夏 | | こどもの日 |
| 6 | 月 | 赤口 | 一白 | 庚 | 午 | | | 振替休日 |
| 7 | 火 | 先勝 | 二黒 | 辛 | 未 | | | |
| 8 | 水 | 仏滅 | 三碧 | 壬 | 申 | | 新月 | |
| 9 | 木 | 大安 | 四緑 | 癸 | 酉 | | | |
| 10 | 金 | 赤口 | 五黄 | 甲 | 戌 | | | |
| 11 | 土 | 先勝 | 六白 | 乙 | 亥 | | | |
| 12 | 日 | 友引 | 七赤 | 丙 | 子 | | | |
| 13 | 月 | 先負 | 八白 | 丁 | 丑 | | | |
| 14 | 火 | 仏滅 | 九紫 | 戊 | 寅 | | | |
| 15 | 水 | 大安 | 一白 | 己 | 卯 | | 上弦 | |
| 16 | 木 | 赤口 | 二黒 | 庚 | 辰 | | | |
| 17 | 金 | 先勝 | 三碧 | 辛 | 巳 | | | |
| 18 | 土 | 友引 | 四緑 | 壬 | 午 | | | |
| 19 | 日 | 先負 | 五黄 | 癸 | 未 | | | |
| 20 | 月 | 仏滅 | 六白 | 甲 | 申 | 小満 | | |
| 21 | 火 | 大安 | 七赤 | 乙 | 酉 | | | |
| 22 | 水 | 赤口 | 八白 | 丙 | 戌 | | | |
| 23 | 木 | 先勝 | 九紫 | 丁 | 亥 | | 満月 | |
| 24 | 金 | 友引 | 一白 | 戊 | 子 | | | |
| 25 | 土 | 先負 | 二黒 | 己 | 丑 | | | |
| 26 | 日 | 仏滅 | 三碧 | 庚 | 寅 | | | |
| 27 | 月 | 大安 | 四緑 | 辛 | 卯 | | | |
| 28 | 火 | 赤口 | 五黄 | 壬 | 辰 | | | |
| 29 | 水 | 先勝 | 六白 | 癸 | 巳 | | | |
| 30 | 木 | 友引 | 七赤 | 甲 | 午 | | | |
| 31 | 金 | 先負 | 八白 | 乙 | 未 | | 下弦 | |

月変わり

「木」の年の梅雨は、運も自分も成長するラッキーシーズン。興味のあることを勉強する、本を読むなど、学びにつながる行動を。スキンケアにも力を入れましょう。

| 日 | 曜日 | 六曜 | 九星 | 十干 | 十二支 | 節気 | 月相 | 祝日 |
|---|---|---|---|---|---|---|---|---|
| 1 | 土 | 仏滅 | 九紫 | 丙 | 申 | | | |
| 2 | 日 | 大安 | 一白 | 丁 | 酉 | | | |
| 3 | 月 | 赤口 | 二黒 | 戊 | 戌 | | | |
| 4 | 火 | 先勝 | 三碧 | 己 | 亥 | | | |
| 5 | 水 | 友引 | 四緑 | 庚 | 子 | 芒種 | | |
| 6 | 木 | 大安 | 五黄 | 辛 | 丑 | | 新月 | |
| 7 | 金 | 赤口 | 六白 | 壬 | 寅 | | | |
| 8 | 土 | 先勝 | 七赤 | 癸 | 卯 | | | |
| 9 | 日 | 友引 | 八白 | 甲 | 辰 | | | |
| 10 | 月 | 先負 | 九紫 | 乙 | 巳 | | | |
| 11 | 火 | 仏滅 | 一白 | 丙 | 午 | | | |
| 12 | 水 | 大安 | 二黒 | 丁 | 未 | | | |
| 13 | 木 | 赤口 | 三碧 | 戊 | 申 | | | |
| 14 | 金 | 先勝 | 四緑 | 己 | 酉 | | 上弦 | |
| 15 | 土 | 友引 | 五黄 | 庚 | 戌 | | | |
| 16 | 日 | 先負 | 六白 | 辛 | 亥 | | | |
| 17 | 月 | 仏滅 | 七赤 | 壬 | 子 | | | |
| 18 | 火 | 大安 | 八白 | 癸 | 丑 | | | |
| 19 | 水 | 赤口 | 九紫 | 甲 | 寅 | | | |
| 20 | 木 | 先勝 | 一白 | 乙 | 卯 | | | |
| 21 | 金 | 友引 | 二黒 | 丙 | 辰 | 夏至 | | |
| 22 | 土 | 先負 | 三碧 | 丁 | 巳 | | 満月 | |
| 23 | 日 | 仏滅 | 四緑 | 戊 | 午 | | | |
| 24 | 月 | 大安 | 五黄 | 己 | 未 | | | |
| 25 | 火 | 赤口 | 六白 | 庚 | 申 | | | |
| 26 | 水 | 先勝 | 七赤 | 辛 | 酉 | | | |
| 27 | 木 | 友引 | 八白 | 壬 | 戌 | | | |
| 28 | 金 | 先負 | 九紫 | 癸 | 亥 | | | |
| 29 | 土 | 仏滅 | 九紫 | 甲 | 子 | | 下弦 | |
| 30 | 日 | 大安 | 八白 | 乙 | 丑 | | | |

月変わり

七夕は天に願いが届きやすいとき。短冊に緑のペンで願いごとを書いて、窓辺に飾りましょう。星モチーフのアクセサリーや小物を身につけて過ごすとさらに運気アップ。

| 日 | 曜日 | 六曜 | 九星 | 十干 | 十二支 | 節気 | 月相 | 祝日 |
|---|---|---|---|---|---|---|---|---|
| 1 | 月 | 赤口 | 七赤 | 丙 | 寅 | | | |
| 2 | 火 | 先勝 | 六白 | 丁 | 卯 | | | |
| 3 | 水 | 友引 | 五黄 | 戊 | 辰 | | | |
| 4 | 木 | 先負 | 四緑 | 己 | 巳 | | | |
| 5 | 金 | 仏滅 | 三碧 | 庚 | 午 | | | |
| 6 | 土 | 赤口 | 二黒 | 辛 | 未 | 小暑 | 新月 | |
| 7 | 日 | 先勝 | 一白 | 壬 | 申 | | | |
| 8 | 月 | 友引 | 九紫 | 癸 | 酉 | | | |
| 9 | 火 | 先負 | 八白 | 甲 | 戌 | | | |
| 10 | 水 | 仏滅 | 七赤 | 乙 | 亥 | | | |
| 11 | 木 | 大安 | 六白 | 丙 | 子 | | | |
| 12 | 金 | 赤口 | 五黄 | 丁 | 丑 | | | |
| 13 | 土 | 先勝 | 四緑 | 戊 | 寅 | | | |
| 14 | 日 | 友引 | 三碧 | 己 | 卯 | | 上弦 | |
| 15 | 月 | 先負 | 二黒 | 庚 | 辰 | | | 海の日 |
| 16 | 火 | 仏滅 | 一白 | 辛 | 巳 | | | |
| 17 | 水 | 大安 | 九紫 | 壬 | 午 | | | |
| 18 | 木 | 赤口 | 八白 | 癸 | 未 | | | |
| 19 | 金 | 先勝 | 七赤 | 甲 | 申 | | | |
| 20 | 土 | 友引 | 六白 | 乙 | 酉 | | | |
| 21 | 日 | 先負 | 五黄 | 丙 | 戌 | | 満月 | |
| 22 | 月 | 仏滅 | 四緑 | 丁 | 亥 | 大暑 | | |
| 23 | 火 | 大安 | 三碧 | 戊 | 子 | | | |
| 24 | 水 | 赤口 | 二黒 | 己 | 丑 | | | |
| 25 | 木 | 先勝 | 一白 | 庚 | 寅 | | | |
| 26 | 金 | 友引 | 九紫 | 辛 | 卯 | | | |
| 27 | 土 | 先負 | 八白 | 壬 | 辰 | | | |
| 28 | 日 | 仏滅 | 七赤 | 癸 | 巳 | | 下弦 | |
| 29 | 月 | 大安 | 六白 | 甲 | 午 | | | |
| 30 | 火 | 赤口 | 五黄 | 乙 | 未 | | | |
| 31 | 水 | 先勝 | 四緑 | 丙 | 申 | | | |

月変わり

夏休みはプールやプラネタリウム、音楽好きなら夏フェスなどに出かけて楽しみましょう。ニューオープンのアミューズメントスポットや体験型施設にもぜひ足を運んで。

| 日 | 曜日 | 六曜 | 九星 | 十干 | 十二支 | 節気 | 月相 | 祝日 |
|---|---|---|---|---|---|---|---|---|
| 1 | 木 | 友引 | 三碧 | 丁 | 酉 | | | |
| 2 | 金 | 先負 | 二黒 | 戊 | 戌 | | | |
| 3 | 土 | 仏滅 | 一白 | 己 | 亥 | | | |
| 4 | 日 | 先勝 | 九紫 | 庚 | 子 | | 新月 | |
| 5 | 月 | 友引 | 八白 | 辛 | 丑 | | | |
| 6 | 火 | 先負 | 七赤 | 壬 | 寅 | | | |
| 7 | 水 | 仏滅 | 六白 | 癸 | 卯 | 立秋 | | |
| 8 | 木 | 大安 | 五黄 | 甲 | 辰 | | | |
| 9 | 金 | 赤口 | 四緑 | 乙 | 巳 | | | |
| 10 | 土 | 先勝 | 三碧 | 丙 | 午 | | | |
| 11 | 日 | 友引 | 二黒 | 丁 | 未 | | | 山の日 |
| 12 | 月 | 先負 | 一白 | 戊 | 申 | | | 振替休日 |
| 13 | 火 | 仏滅 | 九紫 | 己 | 酉 | | 上弦 | |
| 14 | 水 | 大安 | 八白 | 庚 | 戌 | | | |
| 15 | 木 | 赤口 | 七赤 | 辛 | 亥 | | | |
| 16 | 金 | 先勝 | 六白 | 壬 | 子 | | | |
| 17 | 土 | 友引 | 五黄 | 癸 | 丑 | | | |
| 18 | 日 | 先負 | 四緑 | 甲 | 寅 | | | |
| 19 | 月 | 仏滅 | 三碧 | 乙 | 卯 | | | |
| 20 | 火 | 大安 | 二黒 | 丙 | 辰 | | 満月 | |
| 21 | 水 | 赤口 | 一白 | 丁 | 巳 | | | |
| 22 | 木 | 先勝 | 九紫 | 戊 | 午 | 処暑 | | |
| 23 | 金 | 友引 | 八白 | 己 | 未 | | | |
| 24 | 土 | 先負 | 七赤 | 庚 | 申 | | | |
| 25 | 日 | 仏滅 | 六白 | 辛 | 酉 | | | |
| 26 | 月 | 大安 | 五黄 | 壬 | 戌 | | 下弦 | |
| 27 | 火 | 赤口 | 四緑 | 癸 | 亥 | | | |
| 28 | 水 | 先勝 | 三碧 | 甲 | 子 | | | |
| 29 | 木 | 友引 | 二黒 | 乙 | 丑 | | | |
| 30 | 金 | 先負 | 一白 | 丙 | 寅 | | | |
| 31 | 土 | 仏滅 | 九紫 | 丁 | 卯 | | | |

月変わり（7日より）

夏にたまった火毒のケアを。スパイシーな料理を食べたり、サウナに入ったりすると、火毒が流れやすくなります。電化製品まわりや窓辺のほこりもきれいにして。

| 日 | 曜日 | 六曜 | 九星 | 十干 | 十二支 | 節気 | 月相 | 祝日 |
|---|---|---|---|---|---|---|---|---|
| 1 | 日 | 大安 | 八白 | 戊 | 辰 | | | |
| 2 | 月 | 赤口 | 七赤 | 己 | 巳 | | | |
| 3 | 火 | 友引 | 六白 | 庚 | 午 | | 新月 | |
| 4 | 水 | 先負 | 五黄 | 辛 | 未 | | | |
| 5 | 木 | 仏滅 | 四緑 | 壬 | 申 | | | |
| 6 | 金 | 大安 | 三碧 | 癸 | 酉 | | | |
| 7 | 土 | 赤口 | 二黒 | 甲 | 戌 | 白露 | | |
| 8 | 日 | 先勝 | 一白 | 乙 | 亥 | | | |
| 9 | 月 | 友引 | 九紫 | 丙 | 子 | | | |
| 10 | 火 | 先負 | 八白 | 丁 | 丑 | | | |
| 11 | 水 | 仏滅 | 七赤 | 戊 | 寅 | | 上弦 | |
| 12 | 木 | 大安 | 六白 | 己 | 卯 | | | |
| 13 | 金 | 赤口 | 五黄 | 庚 | 辰 | | | |
| 14 | 土 | 先勝 | 四緑 | 辛 | 巳 | | | |
| 15 | 日 | 友引 | 三碧 | 壬 | 午 | | | |
| 16 | 月 | 先負 | 二黒 | 癸 | 未 | | | 敬老の日 |
| 17 | 火 | 仏滅 | 一白 | 甲 | 申 | | | |
| 18 | 水 | 大安 | 九紫 | 乙 | 酉 | | 満月 | |
| 19 | 木 | 赤口 | 八白 | 丙 | 戌 | | | |
| 20 | 金 | 先勝 | 七赤 | 丁 | 亥 | | | |
| 21 | 土 | 友引 | 六白 | 戊 | 子 | | | |
| 22 | 日 | 先負 | 五黄 | 己 | 丑 | 秋分 | | 秋分の日 |
| 23 | 月 | 仏滅 | 四緑 | 庚 | 寅 | | | 振替休日 |
| 24 | 火 | 大安 | 三碧 | 辛 | 卯 | | | |
| 25 | 水 | 赤口 | 二黒 | 壬 | 辰 | | 下弦 | |
| 26 | 木 | 先勝 | 一白 | 癸 | 巳 | | | |
| 27 | 金 | 友引 | 九紫 | 甲 | 午 | | | |
| 28 | 土 | 先負 | 八白 | 乙 | 未 | | | |
| 29 | 日 | 仏滅 | 七赤 | 丙 | 申 | | | |
| 30 | 月 | 大安 | 六白 | 丁 | 酉 | | | |

月変わり

実りのシーズンの到来です。財布を買い替えるならこの時期に。おすすめはスマホも入れられるウォレットバッグタイプ。ミニ財布と長財布を使い分けるのもおすすめ。

# 10月 六白金星 戌

| 日 | 曜日 | 六曜 | 九星 | 十干 | 十二支 | 節気 | 月相 | 祝日 |
|---|---|---|---|---|---|---|---|---|
| 1 | 火 | 赤口 | 五黄 | 戊 | 戌 | | | |
| 2 | 水 | 先勝 | 四緑 | 己 | 亥 | | | |
| 3 | 木 | 先負 | 三碧 | 庚 | 子 | | 新月 | |
| 4 | 金 | 仏滅 | 二黒 | 辛 | 丑 | | | |
| 5 | 土 | 大安 | 一白 | 壬 | 寅 | | | |
| 6 | 日 | 赤口 | 九紫 | 癸 | 卯 | | | |
| 7 | 月 | 先勝 | 八白 | 甲 | 辰 | | | |
| 8 | 火 | 友引 | 七赤 | 乙 | 巳 | 寒露 | | |
| 9 | 水 | 先負 | 六白 | 丙 | 午 | | | |
| 10 | 木 | 仏滅 | 五黄 | 丁 | 未 | | | |
| 11 | 金 | 大安 | 四緑 | 戊 | 申 | | 上弦 | |
| 12 | 土 | 赤口 | 三碧 | 己 | 酉 | | | |
| 13 | 日 | 先勝 | 二黒 | 庚 | 戌 | | | |
| 14 | 月 | 友引 | 一白 | 辛 | 亥 | | | スポーツの日 |
| 15 | 火 | 先負 | 九紫 | 壬 | 子 | | | |
| 16 | 水 | 仏滅 | 八白 | 癸 | 丑 | | | |
| 17 | 木 | 大安 | 七赤 | 甲 | 寅 | | 満月 | |
| 18 | 金 | 赤口 | 六白 | 乙 | 卯 | | | |
| 19 | 土 | 先勝 | 五黄 | 丙 | 辰 | | | |
| 20 | 日 | 友引 | 四緑 | 丁 | 巳 | | | |
| 21 | 月 | 先負 | 三碧 | 戊 | 午 | | | |
| 22 | 火 | 仏滅 | 二黒 | 己 | 未 | | | |
| 23 | 水 | 大安 | 一白 | 庚 | 申 | 霜降 | | |
| 24 | 木 | 赤口 | 九紫 | 辛 | 酉 | | 下弦 | |
| 25 | 金 | 先勝 | 八白 | 壬 | 戌 | | | |
| 26 | 土 | 友引 | 七赤 | 癸 | 亥 | | | |
| 27 | 日 | 先負 | 六白 | 甲 | 子 | | | |
| 28 | 月 | 仏滅 | 五黄 | 乙 | 丑 | | | |
| 29 | 火 | 大安 | 四緑 | 丙 | 寅 | | | |
| 30 | 水 | 赤口 | 三碧 | 丁 | 卯 | | | |
| 31 | 木 | 先勝 | 二黒 | 戊 | 辰 | | | |

月変わり

立冬は「水」の気が高まり、「木」の気が伸びるときなので、成長につながる行動を。起きる時間を早める、ストレッチをするなど、生活習慣をよりよくするのも効果的。

| 日 | 曜日 | 六曜 | 九星 | 十干 | 十二支 | 節気 | 月相 | 祝日 |
|---|---|---|---|---|---|---|---|---|
| 1 | 金 | 仏滅 | 一白 | 己 | 巳 | | 新月 | |
| 2 | 土 | 大安 | 九紫 | 庚 | 午 | | | |
| 3 | 日 | 赤口 | 八白 | 辛 | 未 | | | 文化の日 |
| 4 | 月 | 先勝 | 七赤 | 壬 | 申 | | | 振替休日 |
| 5 | 火 | 友引 | 六白 | 癸 | 酉 | | | |
| 6 | 水 | 先負 | 五黄 | 甲 | 戌 | | | |
| 7 | 木 | 仏滅 | 四緑 | 乙 | 亥 | 立冬 | | |
| 8 | 金 | 大安 | 三碧 | 丙 | 子 | | | |
| 9 | 土 | 赤口 | 二黒 | 丁 | 丑 | | 上弦 | |
| 10 | 日 | 先勝 | 一白 | 戊 | 寅 | | | |
| 11 | 月 | 友引 | 九紫 | 己 | 卯 | | | |
| 12 | 火 | 先負 | 八白 | 庚 | 辰 | | | |
| 13 | 水 | 仏滅 | 七赤 | 辛 | 巳 | | | |
| 14 | 木 | 大安 | 六白 | 壬 | 午 | | | |
| 15 | 金 | 赤口 | 五黄 | 癸 | 未 | | | |
| 16 | 土 | 先勝 | 四緑 | 甲 | 申 | | 満月 | |
| 17 | 日 | 友引 | 三碧 | 乙 | 酉 | | | |
| 18 | 月 | 先負 | 二黒 | 丙 | 戌 | | | |
| 19 | 火 | 仏滅 | 一白 | 丁 | 亥 | | | |
| 20 | 水 | 大安 | 九紫 | 戊 | 子 | | | |
| 21 | 木 | 赤口 | 八白 | 己 | 丑 | | | |
| 22 | 金 | 先勝 | 七赤 | 庚 | 寅 | 小雪 | | |
| 23 | 土 | 友引 | 六白 | 辛 | 卯 | | 下弦 | 勤労感謝の日 |
| 24 | 日 | 先負 | 五黄 | 壬 | 辰 | | | |
| 25 | 月 | 仏滅 | 四緑 | 癸 | 巳 | | | |
| 26 | 火 | 大安 | 三碧 | 甲 | 午 | | | |
| 27 | 水 | 赤口 | 二黒 | 乙 | 未 | | | |
| 28 | 木 | 先勝 | 一白 | 丙 | 申 | | | |
| 29 | 金 | 友引 | 九紫 | 丁 | 酉 | | | |
| 30 | 土 | 先負 | 八白 | 戊 | 戌 | | | |

月変わり

そろそろ来年の気が動き始める頃です。「土」の年は低いところに気が集まるので、大掃除は床を重点的に。押し入れなどの収納スペースも整理し、不用品は処分を。

# 12月 四緑木星 子

| 日 | 曜日 | 六曜 | 九星 | 十干 | 十二支 | 節気 | 月相 | 祝日 |
|---|---|---|---|---|---|---|---|---|
| 1 | 日 | 大安 | 七赤 | 己 | 亥 | | 新月 | |
| 2 | 月 | 赤口 | 六白 | 庚 | 子 | | | |
| 3 | 火 | 先勝 | 五黄 | 辛 | 丑 | | | |
| 4 | 水 | 友引 | 四緑 | 壬 | 寅 | | | |
| 5 | 木 | 先負 | 三碧 | 癸 | 卯 | | | |
| 6 | 金 | 仏滅 | 二黒 | 甲 | 辰 | | | |
| 7 | 土 | 大安 | 一白 | 乙 | 巳 | 大雪 | | |
| 8 | 日 | 赤口 | 九紫 | 丙 | 午 | | | |
| 9 | 月 | 先勝 | 八白 | 丁 | 未 | | 上弦 | |
| 10 | 火 | 友引 | 七赤 | 戊 | 申 | | | |
| 11 | 水 | 先負 | 六白 | 己 | 酉 | | | |
| 12 | 木 | 仏滅 | 五黄 | 庚 | 戌 | | | |
| 13 | 金 | 大安 | 四緑 | 辛 | 亥 | | | |
| 14 | 土 | 赤口 | 三碧 | 壬 | 子 | | | |
| 15 | 日 | 先勝 | 二黒 | 癸 | 丑 | | 満月 | |
| 16 | 月 | 友引 | 一白 | 甲 | 寅 | | | |
| 17 | 火 | 先負 | 九紫 | 乙 | 卯 | | | |
| 18 | 水 | 仏滅 | 八白 | 丙 | 辰 | | | |
| 19 | 木 | 大安 | 七赤 | 丁 | 巳 | | | |
| 20 | 金 | 赤口 | 六白 | 戊 | 午 | | | |
| 21 | 土 | 先勝 | 五黄 | 己 | 未 | 冬至 | | |
| 22 | 日 | 友引 | 四緑 | 庚 | 申 | | | |
| 23 | 月 | 先負 | 三碧 | 辛 | 酉 | | 下弦 | |
| 24 | 火 | 仏滅 | 二黒 | 壬 | 戌 | | | |
| 25 | 水 | 大安 | 一白 | 癸 | 亥 | | | |
| 26 | 木 | 赤口 | 一白 | 甲 | 子 | | | |
| 27 | 金 | 先勝 | 二黒 | 乙 | 丑 | | | |
| 28 | 土 | 友引 | 三碧 | 丙 | 寅 | | | |
| 29 | 日 | 先負 | 四緑 | 丁 | 卯 | | | |
| 30 | 月 | 仏滅 | 五黄 | 戊 | 辰 | | | |
| 31 | 火 | 赤口 | 六白 | 己 | 巳 | | 新月 | |

月変わり（6日と7日の間）

# いい日取りを決める「日家八門法」

風水では、日取りの選定に「日家八門法（にっかはちもんほう）」を用います。
とくに、引っ越しなど住む家に関することは、
日時を適切に選んで、いい日取りを見極めて行いましょう。

## 日家八門法とは

人生で重要なスタートを切る際、風水では日家八門法を使用します。これは軍学として戦（いくさ）でも使われたほど、古い歴史をもつ選日法。主に「はじまりの日」を決めるために使用されました。現在では、結婚、転宅、地鎮祭、改修、棟上げといった、空間を使うはじまりごとに使われています。

八門とは、「開門」「驚門」「生門」「景門」「休門」「傷門」「杜門」「死門」のこと。この中でも「開門」「生門」「休門」は三吉門とされ、この三門が回っている日はいい運気をつかめるとされています。

## 日取りの決め方

まず、新居の「座山（ざざん）」を割り出しましょう（詳しくは、P．137を参照）。次に、P．138からの「日家八門表」を見て、「開門」「生門」「休門」の欄を見つけてください。新居の座山が、これらのどれかにあたる日が吉日です。さらに表の下欄にある「日にちの象意・注意事項」で適した日を確認してください。

なお、「開門」「生門」「休門」の中では、「開門」の方位に座山が入るときが最もいい日とされ、続いて「生門」「休門」の順となります。

## 座山とは

玄関の反対側にある壁の中心部が、家の中心から見てどの方位にあたるか。これから割り出したのが、「座山」といわれるものです。

例えば左図のような家の場合、家の四隅を対角線で結び、交差した点が家の中心。ここに方位磁石を持って立ち、玄関の反対側にある壁がどの方位にあたるかを調べます。この場合の座山は東になります。

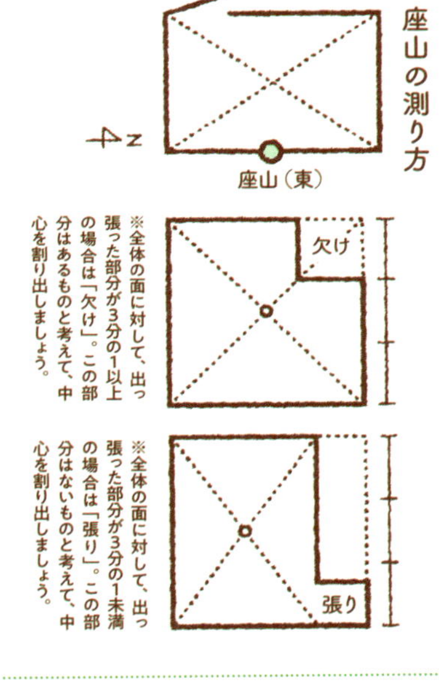


## 日家八門法の使用例

座山の方位がわかったら、次ページからの日家八門表を見ながら、いい日取りを選定しましょう。例えば、2024年の6月の週末から、いい日を選んで引っ越しをしたい場合、2024年は6月21日が夏至なので、週末となる6月1日、2日、8日、9日、15日、16日は表の上段「冬至から夏至の前日」を、6月22日、23日、29日、30日は下段の「夏至から冬至の前日」を見てください。すると下記のようになっています。

新居の座山が東の場合、6月2日が「開門」にあたり、吉日となります。次に「日にちの象意・注意事項」を確認しましょう。6月2日は「転宅・地鎮祭・棟上げに吉。天地和諧の日」とあります。引っ越しは「転宅」なので、この日が最良の日となります。

| | 6/1 | 6/2 | 6/8 | 6/9 | 6/15 | 6/16 | 6/22 | 6/23 | 6/29 | 6/30 |
|---|---|---|---|---|---|---|---|---|---|---|
| 開門 | 北東 | 東 | 南西 | 南西 | 南東 | 南東 | 北 | 南西 | 南東 | 南東 |
| 生門 | 南東 | 南 | 北西 | 北西 | 南西 | 南西 | 東 | 北西 | 南西 | 南西 |
| 休門 | 東 | 南東 | 西 | 西 | 南 | 南 | 北東 | 西 | 南 | 南 |

# 日家八門表

冬至から夏至の前日（1月1日～6月20日／12月21日～12月31日）は上段の方位を、夏至から冬至の前日（6月21日～12月20日）は下段の方位を見てください。

| | | | | | | | | | | | | | |
|---|---|---|---|---|---|---|---|---|---|---|---|---|---|
| 冬至から夏至の前日 | 1/1 | 1/2 | 1/3 | 1/4 | 1/5 | 1/6 | 1/7 | 1/8 | 1/9 | 1/10 | 1/11 | 1/12 | 1/13 |
| | 3/1 | 3/2 | 3/3 | 3/4 | 3/5 | 3/6 | 3/7 | 3/8 | 3/9 | 3/10 | 3/11 | 3/12 | 3/13 |
| | 4/30 | 5/1 | 5/2 | 5/3 | 5/4 | 5/5 | 5/6 | 5/7 | 5/8 | 5/9 | 5/10 | 5/11 | 5/12 |
| | 12/26 | 12/27 | 12/28 | 12/29 | 12/30 | 12/31 | | | | | | | |
| 開門 | 北西 | 北西 | 北西 | 南 | 南 | 南 | 北東 | 北東 | 北東 | 東 | 東 | 東 | 西 |
| 生門 | 北東 | 北東 | 北東 | 西 | 西 | 西 | 南東 | 南東 | 南東 | 南 | 南 | 南 | 北 |
| 休門 | 北 | 北 | 北 | 南西 | 南西 | 南西 | 東 | 東 | 東 | 南東 | 南東 | 南東 | 北西 |
| 夏至から冬至の前日 | | | | | | | | | | | | | |
| | 6/29 | 6/30 | 7/1 | 7/2 | 7/3 | 7/4 | 7/5 | 7/6 | 7/7 | 7/8 | 7/9 | 7/10 | 7/11 |
| | 8/28 | 8/29 | 8/30 | 8/31 | 9/1 | 9/2 | 9/3 | 9/4 | 9/5 | 9/6 | 9/7 | 9/8 | 9/9 |
| | 10/27 | 10/28 | 10/29 | 10/30 | 10/31 | 11/1 | 11/2 | 11/3 | 11/4 | 11/5 | 11/6 | 11/7 | 11/8 |
| 開門 | 南東 | 南東 | 南東 | 北 | 北 | 北 | 南西 | 南西 | 南西 | 西 | 西 | 西 | 東 |
| 生門 | 南西 | 南西 | 南西 | 東 | 東 | 東 | 北西 | 北西 | 北西 | 北 | 北 | 北 | 南 |
| 休門 | 南 | 南 | 南 | 北東 | 北東 | 北東 | 西 | 西 | 西 | 北西 | 北西 | 北西 | 南東 |
| | 甲 | 乙 | 丙 | 丁 | 戊 | 己 | 庚 | 辛 | 壬 | 癸 | 甲 | 乙 | 丙 |
| | 子 | 丑 | 寅 | 卯 | 辰 | 巳 | 午 | 未 | 申 | 酉 | 戌 | 亥 | 子 |
| 日にちの象意・注意事項 | | 結婚式にいい日。結婚後初めて新居に入るにも吉。 | | | 転宅・地鎮祭・増改築・改修は避けたい日。 | 転宅・地鎮祭・棟上げに吉。とくに地鎮祭にいい。 | | | 地鎮祭のみに使える。ほかの行事は別の吉日を。 | ほかの吉日を選ぶこと。 | 地鎮祭・棟上げに吉。女性が主人の場合は不可。 | 地鎮祭・棟上げに吉。とくに南向きの家にいい。 | 転宅にのみ使える。棟上げ・増改築・改修には不可。 |

| 1/29 | 1/28 | 1/27 | 1/26 | 1/25 | 1/24 | 1/23 | 1/22 | 1/21 | 1/20 | 1/19 | 1/18 | 1/17 | 1/16 | 1/15 | 1/14 |
|---|---|---|---|---|---|---|---|---|---|---|---|---|---|---|---|
| 3/29 | 3/28 | 3/27 | 3/26 | 3/25 | 3/24 | 3/23 | 3/22 | 3/21 | 3/20 | 3/19 | 3/18 | 3/17 | 3/16 | 3/15 | 3/14 |
| 5/28 | 5/27 | 5/26 | 5/25 | 5/24 | 5/23 | 5/22 | 5/21 | 5/20 | 5/19 | 5/18 | 5/17 | 5/16 | 5/15 | 5/14 | 5/13 |
| | | | | | | | | | | | | | | | |
| 南 | 南 | 北西 | 北西 | 北西 | 南東 | 南東 | 南東 | 北 | 北 | 北 | 南西 | 南西 | 南西 | 西 | 西 |
| 西 | 西 | 北東 | 北東 | 北東 | 南西 | 南西 | 南西 | 東 | 東 | 東 | 北西 | 北西 | 北西 | 北 | 北 |
| 南西 | 南西 | 北 | 北 | 北 | 南 | 南 | 南 | 北東 | 北東 | 北東 | 西 | 西 | 西 | 北西 | 北西 |
| | | | | | | | | | | | | | | | |
| 7/27 | 7/26 | 7/25 | 7/24 | 7/23 | 7/22 | 7/21 | 7/20 | 7/19 | 7/18 | 7/17 | 7/16 | 7/15 | 7/14 | 7/13 | 7/12 |
| 9/25 | 9/24 | 9/23 | 9/22 | 9/21 | 9/20 | 9/19 | 9/18 | 9/17 | 9/16 | 9/15 | 9/14 | 9/13 | 9/12 | 9/11 | 9/10 |
| 11/24 | 11/23 | 11/22 | 11/21 | 11/20 | 11/19 | 11/18 | 11/17 | 11/16 | 11/15 | 11/14 | 11/13 | 11/12 | 11/11 | 11/10 | 11/9 |
| 北 | 北 | 南東 | 南東 | 南東 | 北西 | 北西 | 北西 | 南 | 南 | 南 | 北東 | 北東 | 北東 | 東 | 東 |
| 東 | 東 | 南西 | 南西 | 南西 | 北東 | 北東 | 北東 | 西 | 西 | 西 | 南東 | 南東 | 南東 | 南 | 南 |
| 北東 | 北東 | 南 | 南 | 南 | 北 | 北 | 北 | 南西 | 南西 | 南西 | 東 | 東 | 東 | 南東 | 南東 |
| 壬 | 辛 | 庚 | 己 | 戊 | 丁 | 丙 | 乙 | 甲 | 癸 | 壬 | 辛 | 庚 | 己 | 戊 | 丁 |
| 辰 | 卯 | 寅 | 丑 | 子 | 亥 | 戌 | 酉 | 申 | 未 | 午 | 巳 | 辰 | 卯 | 寅 | 丑 |
| | 転宅にのみ使える。 | | 転宅にのみ使える。結婚式には不可。 | 転宅にのみ使える。棟上げ・増改築・改修には不可。 | 転宅・棟上げにのみ使える。結婚式には不可。 | 転宅にのみ使える。棟上げ・増改築・改修には不可。 | 吉日。 | 転宅・地鎮祭・棟上げに吉。立秋と秋分には使えない。 | | 転宅・地鎮祭・棟上げに吉。 | 転宅・棟上げ・増改築・改修に吉。結婚式には不可。 | 転宅・棟上げ・増改築・改修に吉。地鎮祭には不可。 | 転宅にのみ使える。結婚式には不可。 | ほかの吉日を選ぶこと。 | 転宅・棟上げに吉。 |

| 冬至から夏至の前日 | | | 開門 | 生門 | 休門 | 夏至から冬至の前日 | | | 開門 | 生門 | 休門 | 干支 | 日にちの象意・注意事項 |
|---|---|---|---|---|---|---|---|---|---|---|---|---|---|
| 1/30 | 3/30 | 5/29 | 南 | 西 | 南西 | 7/28 | 9/26 | 11/25 | 北 | 東 | 北東 | 癸巳 | |
| 1/31 | 3/31 | 5/30 | 北東 | 南東 | 東 | 7/29 | 9/27 | 11/26 | 南西 | 北西 | 西 | 甲午 | |
| 2/1 | 4/1 | 5/31 | 北東 | 南東 | 東 | 7/30 | 9/28 | 11/27 | 南西 | 北西 | 西 | 乙未 | |
| 2/2 | 4/2 | 6/1 | 北東 | 南東 | 東 | 7/31 | 9/29 | 11/28 | 南西 | 北西 | 西 | 丙申 | 転宅・地鎮祭・棟上げに吉。 |
| 2/3 | 4/3 | 6/2 | 東 | 南 | 南東 | 8/1 | 9/30 | 11/29 | 西 | 北 | 北西 | 丁酉 | 転宅・地鎮祭・棟上げに吉。天地和諧の日。 |
| 2/4 | 4/4 | 6/3 | 東 | 南 | 南東 | 8/2 | 10/1 | 11/30 | 西 | 北 | 北西 | 戊戌 | ほかの吉日を選ぶこと。 |
| 2/5 | 4/5 | 6/4 | 東 | 南 | 南東 | 8/3 | 10/2 | 12/1 | 西 | 北 | 北西 | 己亥 | |
| 2/6 | 4/6 | 6/5 | 西 | 北 | 北西 | 8/4 | 10/3 | 12/2 | 東 | 南 | 南東 | 庚子 | ほかの吉日を選ぶこと。 |
| 2/7 | 4/7 | 6/6 | 西 | 北 | 北西 | 8/5 | 10/4 | 12/3 | 東 | 南 | 南東 | 辛丑 | 転宅にのみ使える。棟上げ・増改築・改修には不可。 |
| 2/8 | 4/8 | 6/7 | 西 | 北 | 北西 | 8/6 | 10/5 | 12/4 | 東 | 南 | 南東 | 壬寅 | |
| 2/9 | 4/9 | 6/8 | 南西 | 北西 | 西 | 8/7 | 10/6 | 12/5 | 北東 | 南東 | 東 | 癸卯 | 転宅・棟上げ・増改築・改修・棟上げに吉。地鎮祭には不可。 |
| 2/10 | 4/10 | 6/9 | 南西 | 北西 | 西 | 8/8 | 10/7 | 12/6 | 北東 | 南東 | 東 | 甲辰 | |
| 2/11 | 4/11 | 6/10 | 南西 | 北西 | 西 | 8/9 | 10/8 | 12/7 | 北東 | 南東 | 東 | 乙巳 | 増改築・改修に吉。 |
| 2/12 | 4/12 | 6/11 | 北 | 東 | 北東 | 8/10 | 10/9 | 12/8 | 南 | 西 | 南西 | 丙午 | |
| 2/13 | 4/13 | 6/12 | 北 | 東 | 北東 | 8/11 | 10/10 | 12/9 | 南 | 西 | 南西 | 丁未 | 転宅をはじめ新しいことをするのに吉。結婚式にも吉。 |

| | | | | | | | | | | | | | | | | |
|---|---|---|---|---|---|---|---|---|---|---|---|---|---|---|---|---|
| 2/14 | 4/14 | 6/13 | | 北 | 東 | 北東 | | 8/12 | 10/11 | 12/10 | 南 | 西 | 南西 | 戊 | 申 | 転宅・地鎮祭・棟上げに吉。とくに地鎮祭にいい。 |
| 2/15 | 4/15 | 6/14 | | 南東 | 南西 | 南 | | 8/13 | 10/12 | 12/11 | 北西 | 北東 | 北 | 己 | 酉 | 地鎮祭・棟上げに吉。 |
| 2/16 | 4/16 | 6/15 | | 南東 | 南西 | 南 | | 8/14 | 10/13 | 12/12 | 北西 | 北東 | 北 | 庚 | 戌 | ほかの吉日を選ぶこと。 |
| 2/17 | 4/17 | 6/16 | | 南東 | 南西 | 南 | | 8/15 | 10/14 | 12/13 | 北西 | 北東 | 北 | 辛 | 亥 | |
| 2/18 | 4/18 | 6/17 | | 北西 | 北東 | 北 | | 8/16 | 10/15 | 12/14 | 南東 | 南西 | 南 | 壬 | 子 | |
| 2/19 | 4/19 | 6/18 | | 北西 | 北東 | 北 | | 8/17 | 10/16 | 12/15 | 南東 | 南西 | 南 | 癸 | 丑 | |
| 2/20 | 4/20 | 6/19 | | 北西 | 北東 | 北 | | 8/18 | 10/17 | 12/16 | 南東 | 南西 | 南 | 甲 | 寅 | 転宅をはじめ新しいことをするのに吉。 |
| 2/21 | 4/21 | 6/20 | | 南 | 西 | 南西 | | 8/19 | 10/18 | 12/17 | 北 | 東 | 北東 | 乙 | 卯 | 転宅・地鎮祭・棟上げに吉。結婚式にも吉。 |
| 2/22 | 4/22 | | | 南 | 西 | 南西 | 6/21 | 8/20 | 10/19 | 12/18 | 北 | 東 | 北東 | 丙 | 辰 | 地鎮祭・棟上げには不可。 |
| 2/23 | 4/23 | | | 南 | 西 | 南西 | 6/22 | 8/21 | 10/20 | 12/19 | 北 | 東 | 北東 | 丁 | 巳 | 転宅にのみ使える。棟上げ・増改築・改修には不可。 |
| 2/24 | 4/24 | | | 北東 | 南東 | 東 | 6/23 | 8/22 | 10/21 | 12/20 | 南西 | 北西 | 西 | 戊 | 午 | 転宅にのみ使える。棟上げ・増改築・改修には不可。 |
| 2/25 | 4/25 | | 12/21 | 北東 | 南東 | 東 | 6/24 | 8/23 | 10/22 | | 南西 | 北西 | 西 | 己 | 未 | 転宅・地鎮祭・棟上げに吉。とくに地鎮祭にいい。 |
| 2/26 | 4/26 | | 12/22 | 北東 | 南東 | 東 | 6/25 | 8/24 | 10/23 | | 南西 | 北西 | 西 | 庚 | 申 | 転宅をはじめ新しいことをするのに吉。 |
| 2/27 | 4/27 | | 12/23 | 東 | 南 | 南東 | 6/26 | 8/25 | 10/24 | | 西 | 北 | 北西 | 辛 | 酉 | 転宅・地鎮祭・棟上げに吉。とくに地鎮祭にいい。天地和諧の日。 |
| 2/28 | 4/28 | | 12/24 | 東 | 南 | 南東 | 6/27 | 8/26 | 10/25 | | 西 | 北 | 北西 | 壬 | 戌 | 転宅・棟上げ・増改築・改修に吉。地鎮祭には不可。 |
| 2/29 | 4/29 | | 12/25 | 東 | 南 | 南東 | 6/28 | 8/27 | 10/26 | | 西 | 北 | 北西 | 癸 | 亥 | ほかの吉日を選ぶこと。 |

# 本命星早見表

あなたの本命星はなに？　自分やまわりの人の本命星を知って、旅行や開運行動に役立てましょう。

元日から節分までに生まれた人は、前年の九星になります。例えば、誕生日が昭和55年の2月1日なら「三碧木星」、同年の2月10日なら「二黒土星」となります。

| 一白水星 | 二黒土星 | 三碧木星 | 四緑木星 | 五黄土星 | 六白金星 | 七赤金星 | 八白土星 | 九紫火星 |
|---|---|---|---|---|---|---|---|---|
| 昭和20年 1945年 79歳 | 昭和19年 1944年 80歳 | 昭和18年 1943年 81歳 | 昭和17年 1942年 82歳 | 昭和16年 1941年 83歳 | 昭和15年 1940年 84歳 | 昭和23年 1948年 76歳 | 昭和22年 1947年 77歳 | 昭和21年 1946年 78歳 |
| 昭和29年 1954年 70歳 | 昭和28年 1953年 71歳 | 昭和27年 1952年 72歳 | 昭和26年 1951年 73歳 | 昭和25年 1950年 74歳 | 昭和24年 1949年 75歳 | 昭和32年 1957年 67歳 | 昭和31年 1956年 68歳 | 昭和30年 1955年 69歳 |
| 昭和38年 1963年 61歳 | 昭和37年 1962年 62歳 | 昭和36年 1961年 63歳 | 昭和35年 1960年 64歳 | 昭和34年 1959年 65歳 | 昭和33年 1958年 66歳 | 昭和41年 1966年 58歳 | 昭和40年 1965年 59歳 | 昭和39年 1964年 60歳 |
| 昭和47年 1972年 52歳 | 昭和46年 1971年 53歳 | 昭和45年 1970年 54歳 | 昭和44年 1969年 55歳 | 昭和43年 1968年 56歳 | 昭和42年 1967年 57歳 | 昭和50年 1975年 49歳 | 昭和49年 1974年 50歳 | 昭和48年 1973年 51歳 |
| 昭和56年 1981年 43歳 | 昭和55年 1980年 44歳 | 昭和54年 1979年 45歳 | 昭和53年 1978年 46歳 | 昭和52年 1977年 47歳 | 昭和51年 1976年 48歳 | 昭和59年 1984年 40歳 | 昭和58年 1983年 41歳 | 昭和57年 1982年 42歳 |
| 平成2年 1990年 34歳 | 平成元年 1989年 35歳 | 昭和63年 1988年 36歳 | 昭和62年 1987年 37歳 | 昭和61年 1986年 38歳 | 昭和60年 1985年 39歳 | 平成5年 1993年 31歳 | 平成4年 1992年 32歳 | 平成3年 1991年 33歳 |
| 平成11年 1999年 25歳 | 平成10年 1998年 26歳 | 平成9年 1997年 27歳 | 平成8年 1996年 28歳 | 平成7年 1995年 29歳 | 平成6年 1994年 30歳 | 平成14年 2002年 22歳 | 平成13年 2001年 23歳 | 平成12年 2000年 24歳 |
| 平成20年 2008年 16歳 | 平成19年 2007年 17歳 | 平成18年 2006年 18歳 | 平成17年 2005年 19歳 | 平成16年 2004年 20歳 | 平成15年 2003年 21歳 | 平成23年 2011年 13歳 | 平成22年 2010年 14歳 | 平成21年 2009年 15歳 |

## 子ども

子どもが本命星を使って旅行風水を実践すると、効果が現れるのは13歳以降になります。そのため13歳未満の子どもの本命星は、生年月日で表されます。例えば、誕生日が平成27年4月5日なら「三碧木星」、同年の6月5日なら「二黒土星」となります。ただ、即効性は求めずに、大人になるまで運をためておきたい場合は、大人と同じ本命星を使うのもOKです。

| | 一白水星 | 二黒土星 | 三碧木星 | 四緑木星 | 五黄土星 | 六白金星 | 七赤金星 | 八白土星 | 九紫火星 |
|---|---|---|---|---|---|---|---|---|---|
| 平成24年 2012年 | 6/5~ | 5/5~ | 4/4~ | 3/5~<br>12/7~ | 2/4~<br>11/7~ | 1/6~<br>10/8~ | 9/7~ | 8/7~ | 7/7~ |
| 平成25年 2013年 | 3/5~<br>12/7~ | 2/4~<br>11/7~ | 1/5~<br>10/8~ | 9/7~ | 8/7~ | 7/7~ | 6/5~ | 5/5~ | 4/5~ |
| 平成26年 2014年 | 9/8~ | 8/7~ | 7/7~ | 6/6~ | 5/5~ | 4/5~ | 3/6~<br>12/7~ | 2/4~<br>11/7~ | 1/5~<br>10/8~ |
| 平成27年 2015年 | 6/6~ | 5/6~ | 4/5~ | 3/6~<br>12/7~ | 2/4~<br>11/8~ | 1/6~<br>10/8~ | 9/8~ | 8/8~ | 7/7~ |
| 平成28年 2016年 | 3/5~<br>12/7~ | 2/4~<br>11/7~ | 1/6~<br>10/8~ | 9/7~ | 8/7~ | 7/7~ | 6/5~ | 5/5~ | 4/4~ |
| 平成29年 2017年 | 9/7~ | 8/7~ | 7/7~ | 6/5~ | 5/5~ | 4/4~ | 3/5~<br>12/7~ | 2/4~<br>11/7~ | 1/5~<br>10/8~ |
| 平成30年 2018年 | 6/6~ | 5/5~ | 4/5~ | 3/6~<br>12/7~ | 2/4~<br>11/7~ | 1/5~<br>10/8~ | 9/8~ | 8/7~ | 7/7~ |
| 平成31年 令和元年 2019年 | 3/6~<br>12/7~ | 2/4~<br>11/8~ | 1/6~<br>10/8~ | 9/8~ | 8/8~ | 7/7~ | 6/6~ | 5/6~ | 4/5~ |
| 令和2年 2020年 | 9/7~ | 8/7~ | 7/7~ | 6/5~ | 5/5~ | 4/4~ | 3/5~<br>12/7~ | 2/4~<br>11/7~ | 1/6~<br>10/8~ |
| 令和3年 2021年 | 6/5~ | 5/5~ | 4/4~ | 3/5~<br>12/7~ | 2/3~<br>11/7~ | 1/5~<br>10/8~ | 9/7~ | 8/7~ | 7/7~ |
| 令和4年 2022年 | 3/5~<br>12/7~ | 2/4~<br>11/7~ | 1/5~<br>10/8~ | 9/8~ | 8/7~ | 7/7~ | 6/6~ | 5/5~ | 4/5~ |
| 令和5年 2023年 | 9/8~ | 8/8~ | 7/7~ | 6/6~ | 5/6~ | 4/5~ | 3/6~<br>12/7~ | 2/4~<br>11/8~ | 1/6~<br>10/8~ |
| 令和6年 2024年 | 6/5~ | 5/5~ | 4/4~ | 3/5~<br>12/7~ | 2/4~<br>11/7~ | 1/6~<br>10/8~ | 9/7~ | 8/7~ | 7/6~ |

## 李家幽竹　りのいえゆうちく

韓国・李王朝の流れをくむ、ただ一人の風水師。一般社団法人 李家幽竹 空間風水学会理事長。「風水は環境をととのえることで運を呼ぶ環境学」という考えのもと、様々なアドバイスを行いながら、テレビ、雑誌、セミナーなど幅広く活躍。女性らしい視点で生活におしゃれに取り入れる風水術が秀逸で、幅広い層から長年多くの支持を集めている。また、主催する空間風水学会では風水アドバイザーの育成に尽力している。会員制オンラインサロン「李家幽竹 風水ひみつクラブ」も運営。著書に『どんな運も思いのまま！李家幽竹の風水大全』『絶対、お金に好かれる金運風水』（ダイヤモンド社）、「李家幽竹マンガ風水やっていいことダメなこと」（飛鳥新社）など多数。これまでに出版した書籍は200冊を超え、累計700万部以上。今秋刊行予定の『李家幽竹 花風水カレンダー2024』『最強！開運旅行風水』（世界文化社）などは毎年好評の人気シリーズ。ホームページ「李家幽竹オフィシャルウェブサイト」（https://yuchiku.com/）、「李家幽竹空間風水学会」ホームページ（https://www.kukan-fengshui.com/）、会員制オンラインサロン「李家幽竹 風水ひみつクラブ」（https://lounge.dmm.com/detail/5035/）。

**STAFF**

デザイン ◆ 河内沙耶花（mogmog Inc.）
表紙イラスト ◆ 東 ちなつ
中面イラスト ◆ 戸村桂子（asterisk-agency）
構成・文 ◆ 木村涼子
編集協力 ◆ 神山典子、窪 和子、平井 幸
校正 ◆ 株式会社円水社
DTP製作 ◆ 株式会社明昌堂
編集 ◆ 小栗亜希子
編集部 ◆ 能勢亜希子

2024年版
李家幽竹の幸せ風水

発行日　2023年8月15日　初版第１刷発行

著者　李家幽竹
発行者　竹間 勉
発行　株式会社世界文化ブックス
発行・発売　株式会社世界文化社
〒102-8195
東京都千代田区九段北4-2-29
電話 03-3262-5118（編集部）
電話 03-3262-5115（販売部）
印刷・製本　凸版印刷株式会社


ISBN978-4-418-23214-7